¡Sssssshhhhhhhhhhh!

Haz del teatro algo íntimo

Llévalo siempre en el bolsillo

Cubierta y diseño editorial: Éride, Diseño Gráfico
Dirección editorial: ángel jiménez

Primera edición: noviembre, 2025

malditos tacones
© Ignacio Amestoy
© Del prólogo: Eduardo Pérez-Rasilla
                  Guadalupe Soria Tomás
© VdB®, 2025
Espronceda, 5
28003 Madrid

VdB®

ISBN: 979-13-87644-57-4
Depósito Legal: M-24037-2025
Diseño y preimpresión: Éride, Diseño Gráfico

Este libro protege el entorno

malditos tacones

Ignacio Amestoy
(Bilbao, 11 de abril de 1947).

Dramaturgo, periodista, docente y gestor cultural. Doctor en Estudios Teatrales (UCM). Profesor titular de Literatura dramática en la RESAD, de la que fue director (2005-2008). Estudió Dirección Teatral en el TEM, con Miguel Narros y William Layton. Como dramaturgo, es autor de la denominada «Generación del 82». Ha estrenado y editado más de treinta obras, una docena de ellas relacionadas con el País Vasco, entre ellas, *Doña Elvira, imagínate Euskadi*, premios Sitges y Ercilla (1986), y *La zorra ilustrada. Samaniego en el Madrid de Carlos III*, publicada por Éride en 2020. Premio Nacional de Literatura Dramática (2002), con *Cierra bien la puerta*, de la pentalogía sobre la mujer *Si en el asfalto hubiera margaritas*, junto con *De Jerusalén a Jericó, Rondó para dos mujeres y dos hombres, Chocolate para desayunar* y *La puerta está abierta*. Dos veces premio Lope de Vega (1981 y 2001), por *Ederra*, también premio Espinosa y Cortina de la RAE (1982-1987), y por *Chocolate para desayunar*. Entre sus últimas obras estrenadas figuran *Violetas para un Borbón. La reina austriaca de Alfonso XII* (1999, Lara), *La última cena* (2010, Guindalera), *Alemania*, premio Palencia (2012, Abadía), *Dionisio Ridruejo. Una pasión española* (2014, CDN), *Lope y sus Doroteas* (2021, Coliseo Carlos III) y *El Réquiem de Constanze Mozart* (2025, CC Sanchinarro). Sus últimas obras publicadas completan la tetralogía *Todo por la Corona* (Cátedra, 2024), con *Las reinas de Alfonso XIII, El Borbón rojo y Juan Carlos I, el camaleón*, que se unen a *La reina austriaca de Alfonso XII* (Cátedra, 2015).

Ignacio Amestoy Egiguren

malditos tacones

VdB

Esta obra se se estrenó en el Teatro Palacio Valdés, de Avilés, el 30 de agosto de 2024, y en el Teatro Bellas Artes, de Madrid, el 4 de septiembre de 2024 interpretada por Luisa Martín (Victoria Burton) y Olivia Molina (María García).

Dirección: Magüi Mira.

A
Pepe Monleón, faro permanente
Maruja López Gómez, pionera
Lourdes Ortiz, compañera

Y nadie entra en la hondura de donde mana la linfa
oculta del manantial.

Diótima de Mantinea. María Zambrano.

La libertad es la verdad
y la verdad es la que nos hace libres.

El concepto de la angustia. Soren Kierkegaard.

Prólogo

No sorprende que Ignacio Amestoy retorne a la tragedia griega para contar una historia de nuestros días. Ni que esta historia verse sobre dos mujeres que han triunfado en sus respectivas profesiones gracias a su tenacidad y a su talento. Aunque en este caso, como en tantos otros en la ficción y mucho más aún en la vida real, su éxito deba no poco a sus orígenes familiares y sociales. La tragedia griega y la mujer en el mundo actual constituyen respectivamente el modelo que inspira la escritura dramática de Amestoy y uno de sus motivos temáticos recurrentes en su obra. A su *corpus* temático habría que añadir el conflicto vasco y la vida política española de los siglos XX y XXI, sin olvidar algunos antecedentes que se remontan al siglo XVI y que recorren los siglos posteriores, para cuya composición se sirve del rico legado que nos dejaron Esquilo, Sófocles y Eurípides, pero también de la moderna tradición del teatro documento: Piscator, Weiss y, claro está, Bertolt Brecht. Un buen dramaturgo suele ofrecer una obra diversa, pero es necesario que posea además una poética propia, una voz que permita reconocerlo.

Las mujeres imaginadas o recreadas en el teatro de Ignacio Amestoy son inconfundibles.

Las distinguen su tesón, su fortaleza, su acendrada personalidad, su sentido de la libertad, su pasión (amorosa, profesional o política), su capacidad para enfrentarse al dolor, su carácter indomeñable y también la conciencia de su vulnerabilidad. Son mujeres que se saben heridas, aunque esa herida, profunda e irrestañable, se convierta, paradójicamente, en la fuente de su energía vital. La poeta bilbaína Ángela Figuera representa para Amestoy no solo un referente literario, sino, acaso también, un modelo en el que se inspira para imaginar algunos rasgos que caracterizan a sus personajes, en particular el referido dolor como fuente del impulso vital. Sus criaturas de ficción son mujeres lúcidas, sinceras, seguras en el manejo de la palabra. No es extraño que María, en *Malditos tacones*, se proclame admiradora de la cultura latina, con su *auctoritas* y su *potestas*, sí, como brillante jurista y mujer pragmática que es, pero también, sin duda, con su tradición retórica y oratoria, de la que seguimos nutriéndonos. Victoria y María se expresan con precisión y con incisividad, con elocuencia, cuando es necesario; se mueven en diferentes registros lingüísticos, manejan referencias culturales y mundanas. Ese dominio del discurso les permite salir adelante en un mundo que les es hostil, con esa doble hostilidad que encarna el patriarcado ancestral y el moderno neoliberalismo que exige la competición permanente contra todos, también contra los suyos, incluso contra uno(a) mismo(a).

La dramaturgia española de las últimas décadas cuenta con Ignacio Amestoy como uno de los principales proveedores de grandes personajes femeninos. Personajes dramática, profesional y vitalmente poderosos. Personajes pensados para un trabajo ambicioso de las actrices que los encarnen en el escenario, como han hecho en esta ocasión Luisa Martín y Olivia Molina, bajo la experta guía de otra ilustre actriz y directora de escena: Magüi Mira. Mujeres de edades y ocupaciones diferentes, pero todas ellas enfrentadas a unas situaciones y a unas estructuras (sociales y políticas, pero sobre todo familiares) que les son adversas y a las que plantan cara asumiendo el riesgo de su carrera, de su reputación, de su libertad, de su integridad física o la de los suyos. Ederra, Elisa, Doña Elvira, Dolores Ibárruri, Basili, Rosa, Ana, Sara Sastre, La Candela, Marta López, Lorenza, Antonia Clara, Victoria Burton, María García... conforman una galería de personajes plenos de energía y de dramaticidad, de posibilidades sobre el escenario.

La familia es el ámbito simbólico en el que se generan los conflictos en los que se debaten los personajes femeninos de Amestoy. Pero, a diferencia de lo que es habitual en el teatro reciente, no suelen ser las relaciones de pareja –con la excepción de *Alemania*– las que configuran su mapa dramático, sino las relaciones materno o paterno filiales, entendidas en algún caso en sentido lato o analógico, o las relaciones fraternas. La familia es un territorio que los personajes no pueden abandonar. Que constituye su refugio y el impulso para su éxito, pero también su condena. Los personajes quisieran escapar de esa casa familiar, que es, con frecuencia, una casa material, sólida, de peso notorio en la acción dramática, pero puede ser también simbólica:

Victoria   ¡Has venido buscando! [...] Y yo te he abierto las puertas de una casa que es la tuya.
María   Yo sé dónde está mi casa.
Victoria   Quizás no.

Estos vínculos familiares son fuertes, difíciles de quebrar, y remiten, de manera mediata o inmediata, al poder económico, social y en última instancia político, pero también, en otro plano, al erotismo y a la muerte. Suele tratarse de familias acaudaladas, opulentas, socialmente respetadas. Incluso temidas. Pertenecen a la alta burguesía, enriquecida en las generaciones inmediatamente anteriores. Familias burguesas que han adquirido conductas y estilos de vida aristocráticos, semifeudales, que, en ocasiones, adquieren un halo casi mítico. Es continua la apelación a las estirpes de los Butrón, los Mendiburu, los Martínez de Madariaga, los Burton y los Santamaría... Los varones de esa familias –presentes o ausentes en la escena– son poderosos, vigorosos también físicamente, no carentes de talento o incluso de genialidad, pero también despóticos, desmesurados, violentos y destructores. Representan de manera inequívoca el modelo del patriarcado. Aunque no faltan a veces en esas familias los personajes que constituyen una suerte de reverso: personajes sensibles y frágiles, o, en algunos casos, sumisos, endebles o cobardes, incapaces de asumir su responsabilidad o su compromiso. No están a la altura de las circunstancias. Los dos tipos de personajes masculinos figuran entre los evocados por Victoria y María en *Malditos tacones*.

Estas familias están marcadas por algún crimen anterior, por algún pecado original, por alguna suerte de corrupción –económica y moral– de la que han surgido sus fortunas y su poder. Esconden algún secreto inconfesable. Y es justamente aquí donde encontramos la convergencia con la tragedia griega. Las sugerentes referencias a Edipo o Agamenón, basadas en la analogía de sus vidas con las de estos personajes de la tragedia, que emergen en la tensa conversación entre Victoria y María –magnífico ejemplo de *agon* clásico– sacan a la superficie la naturaleza trágica de su conflicto. Para Hegel el sentido de la tragedia griega se encontraba en la perturbación de la armonía ética, que se producía cuando colisionaban la ética familiar, basada en el amor, y la ética del estado, basada en las leyes. Los microcosmos familiares imaginados por Amestoy propenden a mostrar ese conflicto entre el amor y la ley, entendida esta última en el sentido de conveniencia de unos intereses supuestamente más elevados que los personales o los familiares, es decir, una suerte de «razón de estado» acotada al ámbito de la gran empresa patriarcal. Así sucedía en *Ederra*, *Elisa besa la rosa*, *Elixa*, *Alemania*, o, hasta cierto punto, en *Cierra bien la puerta*. Así ocurre en *Malditos tacones*. No puede extrañar que los dos personajes presentes en escena y el gran ausente, el viejo Burton, el Agamenón de esta historia, el «sembrador de la semilla», sean víctimas de su propia *hybris*, de la demasía que arrastraba a la desgracia a los héroes de la tragedia griega. Ni que María y Victoria experimenten una anagnórisis tan iluminadora como dolorosa que aproxima sus figuras al personaje de Edipo.

María   ¡No he venido a bus-car-le!
Victoria   Discúlpame querida... Lo he expresado mal... ¡Has venido a bus-carte!
             [...]
Victoria   Te he imaginado en este momento como a un Edipo...
María   ¿Volvemos a Edipo?
Victoria   ¡Tú hablaste de la esfinge!
María   El enigma... No me diga...
Victoria   Te veo como Edipo descubriendo su pasado..., descubriendo tu pasado... De golpe.
María   Edipo...
Victoria   Sí.
María   ...
Victoria   ¿O yo soy Edipo?

María   …
Victoria   Sí..., yo soy más bien Edipo.

Y, por supuesto, en el origen hallamos la *ha-
martía*, el error trágico, que generará la acción.
El ocultamiento, convertido aquí en disimu-
lo, en apariencia social, que encubre, e hipó-
critamente disculpa, la violación incestuosa de
Victoria por el patriarca Burton. La tragedia pro-
porciona el cauce para hablar de la adopción
ilegal, anverso del tabú de los bebés robados,
la escandalosa e intolerable práctica que tomó
impulso durante la dictadura franquista, pero
que se prolongó hasta fechas muy próximas.
El teatro reciente ha presentado algunas apor-
taciones a esta turbia cuestión. Recuérdese, por
ejemplo, *Cine*, de La Tristura, que aborda el problema desde unos supuestos estéticos muy diferentes. Amestoy prefiere la tragedia por
cuanto nos remonta a esa necesidad de reco-
nocimiento, de la que también hablaba Hegel.
El filósofo italiano Paolo Virno ha explicado
cómo la moderna y generalizada sensación de
desarraigo, de exilio –María lo ejemplifica elo-
cuentemente con sus viajes constantes, con sus
prisas, con sus permanentes cambios de domi-
cilio y ocupación, con la carencia de una relación estable o con su ambivalente situación
familiar– «lejos de elidir el sentimiento de per-
tenencia, lo potencia». Su origen oscuro y ve-
lado por la hipocresía y los prejuicios de los
Santamaría y por el tenaz ocultamiento y sis-
temática manipulación de una Victoria Burton

que reproduce conductas patriarcales y que, reina de su particular Tebas, tal vez se asemeja más a Yocasta y Egisto, o hasta a Tiresias, que a Edipo, exige de María ese viaje cuando su padre adoptivo, al borde mismo de la muerte, le insinúa la verdad sobre su origen. Si Edipo abandona a su familia adoptiva a raíz de una indiscreción y decide visitar a la esfinge, María no necesitará de oráculos para conocer su origen familiar. La visita al despacho de Victoria Burton –un tiempo y un espacio acotados para una acción única, es decir, el respeto riguroso a las tres unidades que permiten siempre subrayar la urgencia e intensificar la acción dramática– no solo le confirmará el secreto revelado por su padre adoptivo, sino que le desvelará una verdad más dolorosa.

Al final de *Malditos tacones* no se produce la catástrofe con la que culminan las tragedias griegas. Amestoy, en una entrevista con Diana I. Luque, publicada en la revista *Primer acto*, habla de «tragedia esperanzada», a la manera de sus maestros Miguel de Unamuno, María Zambrano y Antonio Buero Vallejo. Aunque el final diste de ser «feliz» en la acepción convencional del término en la comedia, el desenlace deja entrever horizontes gratos para Victoria, quien ha podido dar explicaciones a su hija, lo que, si bien no puede entenderse propiamente como una reconciliación, al menos contribuye a cauterizar una herida que llevaba más de cuarenta años abierta. Y se ha reencontrado con su novio de juventud, con el que parece haber retomado al menos una entrañable amistad. Además, el desenlace deja el espacio abierto para María, quien puede elegir (o al menos así lo cree) con libertad su futuro. No faltan tampoco algunos atisbos de comicidad. La sustitución de la frugalidad que supone beber agua durante la entrevista por el consumo generoso y placentero del Oporto aproxima el desenlace al territorio de lo dionisíaco, es decir, al ámbito de la comedia, si bien se anota que este vino era el preferido del viejo Burton, advertencia que subraya la onerosa herencia familiar. Pero son tal vez los tacones los que aportan un singular punto de inflexión. Como anotaba Diana I. Luque en otro artículo también para *Primer acto*, estos tacones suponen a su vez un signo de distinción social –se ha hablado de zapaterías parisinas y de marcas prestigiosas de calzado– y de una hiriente servidumbre social de las mujeres que se ven obligadas a calzar esos tacones. Cabría imaginar un paródico trasunto de la cojera de Edipo, «el de los pies hinchados» en esta María que incapaz de soportar el innecesario dolor que le procuran los elegantes zapatos que ha elegido para visitar a la señora Burton, se despoja de ellos en un gesto que rompe con su compostura de mujer respetuosa de las formas sociales. Como cabe pensar en un contrapunto grotesco de la trayectoria de los Burton-Santamaría en esos malditos tacones que dan título a la obra, «malditos» como eufemismo del más popular y gráfico, aunque grosero, «jodidos zapatos» pronunciado por la desesperación de María, o los «putos tacones» de que hablaba, más desinhibida y no menos enfadada, Marta López en *Alemania*.

Pero la maldición y el origen desconocido nos llevan además al universo bíblico, que ha constituido también una fecunda fuente de inspiración para el teatro de Amestoy. El «estigma judeocristiano» que se apunta en alguna ocasión en la obra se relaciona con el pecado y con la culpa, pero también –significativamente– con la sobriedad (la elección del agua en lugar de una bebida alcohólica) y con el tiempo, un tiempo que se aprovecha, porque es escaso, un tiempo que se concibe de manera lineal, histórica, y no como circular o recurrente. María elige el tiempo histórico, que aleja de los orígenes. Victoria querría un tiempo circular, un retorno a la situación inicial –con su antiguo novio, con su hija, con su empresa familiar–. Y esta consideración sobre el tiempo, así como la convergencia entre lo bíblico y la tragedia griega, propicia una analogía más, la última que desarrollaremos en estas breves páginas. La relación con *La vida es sueño*, de Calderón de la Barca, precisamente otra de las referencias ineludibles en la trayectoria intelectual de Amestoy. Como a Segismundo, a María le ha sido arrebatada su verdadera identidad, su verdadera condición, durante décadas. Solo cuando las circunstancias (políticas y económicas: la razón de estado) obligan a ello y les apuran sus escrúpulos de conciencia, Basilio

y Victoria (no debe pasarse por alto la inten-
ción simbólica de sus respectivos nombres), ac-
ceden a admitir la verdad respecto a la condición de Segismundo y de María. Y, cuando sus
hijos advierten que su identidad les ha sido in-
justamente arrebatada, se enfrentan a sus
progenitores. Segismundo reaccionará de manera violenta —era difícil pensar que pudiera
actuar de otro modo— y terminará haciendo la
guerra a su padre, aunque el desenlace del dra-
ma sella la reconciliación entre ambos, una vez
que al heredero le ha sido restituida su posi-
ción en el reino. Era difícil también que Calderón pudiera proponer una solución distinta en
el momento y en la sociedad en que vivía. María se enfrenta con entereza y con vehemencia
a su madre.

María	Y, de repente, apareces tú, mi ma-dre real […] diciéndome que me acaba de tocar una lotería; que de la noche a la mañana, por arte de magia, voy a ser presidenta de una de las mayores empresas del país… […]
Victoria	Es tu derecho. No puedo robárte-lo.
María	Me lo robaste hace cuarenta años.

No llega a la agresión física, la situación es otra
y los personajes tienen una educación muy
diferente de la que recibió el príncipe polaco
en su prisión, aunque sí advertimos rasgos de

violencia en su contenido lenguaje y en su gestualidad más o menos compuesta. Sin embargo, no aceptará la componenda de la reconciliación. Preferirá separarse de su madre y aferrarse a su identidad anterior y a su propia trayectoria como mujer y como profesional. María abandona el trono de Polonia que se le ofrece y regresa a la torre, que, paradójicamente, para ella representa la libertad.

Eduardo Pérez-Rasilla
Guadalupe Soria Tomás
Universidad Carlos III de Madrid
Grupo Histrio / CONSTEMAD-CM

Personajes

Victoria Burton 66 años. Presidenta de la empresa Burton, S.A.

María García 44 años. Abogada y economista. Directora del Bufete García y Asociados.

MARÍA García penetra en una sala moderna y funcional de las oficinas centrales de la empresa Burton, S.A., en la que destaca una maqueta de la primitiva fábrica. Alguien, la secretaria de la presidenta VICTORIA Burton, que la espera, le ha abierto la puerta desde el exterior y le ha dado la entrada. Unos sofás, con una mesa baja. Y un mueble auxiliar con bebidas.

VICTORIA   Buenas tardes, María.

MARÍA   Buenas tardes, señora Burton.

(*Se dan la mano con parsimonia y se observan.*)

VICTORIA   ¿Ha tenido buen viaje?

MARÍA   Hubo un retraso en la salida del avión, pero hemos llegado a la hora.

VICTORIA   ¿El chófer la ha atendido bien?

MARÍA   Nicolás es muy amable.

VICTORIA   Nicolás…

MARÍA   Sí, Nicolás.

VICTORIA   Veo que han intimado.

MARÍA   Elena, su secretaria, me dijo que Nicolás me recogería.

VICTORIA   Está bien.

MARÍA   Nicolás es muy cordial.

VICTORIA   Lo es.

MARÍA   Desde el aeropuerto hasta aquí, me contó su vida…

VICTORIA   ¡Vaya!

MARÍA   Su vida de él…

VICTORIA   Claro.

MARÍA   A grandes rasgos: licenciado en Derecho…, como yo; luego, inspector…, y, ahora, conductor…

VICTORIA   Una persona de confianza.

MARÍA   Estoy segura.

VICTORIA   Acomódese, María, por favor.

MARÍA   (*Se acerca a la maqueta.*) Una hermosa maqueta.

VICTORIA   La primera fábrica Burton… La actual no ca-
            bría en esta sala… Es hermosa, ¿verdad?

MARÍA   Todo un emblema.

VICTORIA   Pero…, siéntese.

MARÍA   (*Deja su bolso de mano sobre una mesita.*) Gra-
            cias, Victoria. Muy amable…

VICTORIA   No tenemos mucho tiempo, como también le
            diría mi secretaría.

MARÍA   Sí, Elena me dijo que mañana tiene usted una
            reunión en Londres, y me habló de su vuelo
            de esta tarde…

VICTORIA   Eso es.

MARÍA   Pero nosotras vamos a necesitar poco tiempo.

VICTORIA   Observo que mi secretaria le ha informado muy
            bien de todo.

MARÍA   Supongo que advertida por usted.

VICTORIA   Me interesó su petición para verme…, con tan-
            ta urgencia.

MARÍA   ¿Urgencia?

VICTORIA   Sí, urgencia.

MARÍA   Hoy tenía que venir a esta ciudad… Podía aprovechar el viaje.

VICTORIA   Pensé que le urgía.

MARÍA   Quizás no tanto como a usted… el recibirme. Ayer pedí verla y hoy estoy aquí… No es lo habitual.

VICTORIA   ¿Usted cree?

MARÍA   No es lo habitual.

VICTORIA   Ha sido muy puntual.

MARÍA   Quedamos a las cuatro. Y aquí estoy.

VICTORIA   La puntualidad es cortesía de reyes… ¿Lo dijo Luis XIV?

MARÍA   Y… deber de caballeros, hábito de gente de valor y costumbre de personas bien educadas.

VICTORIA   ¿Quiere tomar algo?

MARÍA   No, gracias.

VICTORIA   ¿Nada?

MARÍA   Un vaso de agua.

VICTORIA   ¿Nada más?

MARÍA   Nada más.

VICTORIA   Es usted muy frugal.

MARÍA   El agua es ya un lujo.

VICTORIA   La acompaño…

MARÍA   …

VICTORIA   ¿Sin gas?

MARÍA   Gracias.

VICTORIA   Yo también la prefiero sin gas.

MARÍA   Coincidimos.

VICTORIA   Sí.

     …

MARÍA   (*Recibe un vaso con agua.*) Gracias.

VICTORIA   Así que tuvieron retraso en la partida del avión.

MARÍA   Los aeropuertos están saturados…

VICTORIA   Aprovechaba el viaje…, decía.

MARÍA   Sí.

VICTORIA   ¿Cuándo se vuelve?

MARÍA   Mañana al mediodía.

VICTORIA   Va a estar poco tiempo aquí.

MARÍA   Me agrada esta ciudad, pero…

VICTORIA   Alguna tarea importante…

MARÍA   Bueno… Esta visita es importante.

VICTORIA   Pero tenía previsto venir…

MARÍA   La profesión… El bufete…

VICTORIA   Sé que le gusta aprovechar el tiempo.

MARÍA   Procuro no perderlo.

VICTORIA   Un estigma judeocristiano.

MARÍA   ¿Usted cree?

VICTORIA   Es posible.

MARÍA   Por la mañana veré a un cliente del bufete…

VICTORIA   Un cliente importante…

MARÍA   Un asunto no fácil.

VICTORIA   Usted es una abogada de asuntos difíciles.

MARÍA   No hay pleito sencillo…

VICTORIA   Habiendo dinero de por medio…

MARÍA   Habiendo… seres humanos.

VICTORIA   El hombre es un sujeto frágil.

MARÍA   Menos que la mujer…

VICTORIA   Las personas, quería decir.

MARÍA   Lo suponía, pero me he permitido la licencia…
Perdón.

VICTORIA   Perdóneme usted…, por favor… Olvidaba que
María García es un baluarte en la defensa de
las causas de violencia de género en este país…,
y fuera de este país.

MARÍA   Lo pretendo.

VICTORIA   María García…

MARÍA   Victoria Burton…

VICTORIA   María.

                    …

MARÍA   Una abogada… Con, cada día, más pleitos.

VICTORIA   Pleitos tengas… Es una maldición…

MARÍA   Por esa razón, el mejor pleito es el que no llega a consumarse.

VICTORIA   ¡Para eso también están los bufetes!

MARÍA   Como no ignorará, defiendo la mediación.

VICTORIA   ¿Le gusta ser árbitro?

MARÍA   El árbitro pretende que se respeten las reglas del juego.

VICTORIA   ¿Conozco a su cliente?

MARÍA   Seguro que sí. Es un gran empresario de la región. Está en la cárcel. Prisión preventiva. Cosas de la política… La corrupción de los partidos… Cuestión de corrompidos… y de corruptores.

VICTORIA   Me temo que usted ya podrá arbitrar poco…, si es el asunto que me figuro.

MARÍA   Siempre hay márgenes. Si se quiere… Si se habla… Si se busca… Se trata de buscar.

VICTORIA   María, nadie duda de su integridad…

MARÍA   Las búsquedas dentro del ser humano no son fáciles… Puedes perderte.

VICTORIA   Perderte en la búsqueda de la verdad…

MARÍA   En el encuentro con la verdad.

VICTORIA   La verdad, a veces, no quiere dar la cara, o no puede. Y se disfraza.

MARÍA   ¿Se disfraza?

VICTORIA   De mentira.

MARÍA   La mentira tiene muchas caras.

VICTORIA   Y la verdad, solo una.

MARÍA   Sí, solo hay una respuesta para la pregunta de la esfinge.

VICTORIA   ¡La pregunta de la esfinge a Edipo! Cuando vuelve a Tebas…, donde nació…, sin él saberlo…

MARÍA   Exacto.

VICTORIA   ¿Cuál es el animal que cuando amanece anda a cuatro patas; a lo largo del día, con dos, y al ponerse el sol y anochecer, con tres? Solo hay una respuesta.

MARÍA   El ser humano. La verdad.

VICTORIA   Me gusta… Los griegos me fascinan…

MARÍA   No los he estudiado a fondo…, pero sí, son fascinantes…, Edipo y su complejo…, Aristóteles…

Son el origen… Con todo, me han interesado más los romanos.

VICTORIA   Con su «auctoritas» y su «potestas»…

MARÍA   Sí, el Derecho Romano… Julio César… Marco Antonio…

VICTORIA   Y Cleopatra…

MARÍA   Y Cleopatra.

(*Sonríen con cortesía.*)

VICTORIA   Siento no poder acompañarla hoy a cenar… Me encantaría… Podríamos hablar largamente…

MARÍA   Londres no espera.

VICTORIA   Es un consejo de administración rutinario… Puro trámite… Pero con un punto escabroso… Hay que estar… Será rápido… Como los ingleses…

MARÍA   Sí, a veces, los ingleses son rápidos… Sobre todo, cuando no les llevas la contraria.

VICTORIA   Es razonable…

MARÍA   Usted es medio inglesa.

VICTORIA   ¿Usted cree?

MARÍA   Victoria... Burton.

VICTORIA   Una larga saga la de los Burton..., pero aquí
             ya muy mezclada...

MARÍA   Hija de Pedro Burton.

VICTORIA   Un gran... padre.

MARÍA   Un gran hombre... Se le reconoce.

VICTORIA   Me alegra que usted lo diga.

MARÍA   Su madre era también Victoria..., como us-
             ted..., de los Santamaría.

VICTORIA   Por ella me llamo Victoria.

MARÍA   Murió joven.

VICTORIA   Está bien informada.

MARÍA   Una muerte trágica.

VICTORIA   Los accidentes siempre son trágicos.

MARÍA   Unos más que otros.

VICTORIA   Sí, unos más que otros.

MARÍA   Procuro no dar ningún paso sin estudiar el te-
             rreno que vaya a pisar.

VICTORIA   Eso dicen los que la conocen bien.

MARÍA   Soy minuciosa en los casos.

VICTORIA   ¿Es este un «caso»?

MARÍA   ¿Un caso?

VICTORIA   ¿Es un «caso»?

MARÍA   Deformación profesional…

VICTORIA   Me ha estudiado a fondo.

MARÍA   Le tengo que decir que sí.

VICTORIA   ¿Y el resultado de su estudio?

MARÍA   Que usted es una muy digna heredera de los Burton.

VICTORIA   ¿Eso quiere decir algo?

MARÍA   Hace cinco años de la muerte de su padre…

VICTORIA   Cuatro años y once meses.

MARÍA   Un cáncer rápido.

VICTORIA   Sí, rápido...

MARÍA   Páncreas…

VICTORIA   Demasiado rápido.

MARÍA   En los últimos cuatro años y once meses, su
            mano inflexible, en guante de seda, ha vuelto
            a lograr que las multinacionales del sector no
            devoraran a la empresa que fundó su bisabue-
            lo, amplió su abuelo y relanzó su padre.

VICTORIA   Nosotros somos una de esas multinacionales.

MARÍA   Gracias a usted.

VICTORIA   Nuestra bandera ondea en los cinco continen-
            tes…

MARÍA   Y eso la enorgullece.

VICTORIA   A mí lo que me enorgullece es ver la cuenta de
            resultados con beneficios…

MARÍA   …

VICTORIA   Pero a la gente le encantan las banderas.
            Cada día, más. La cuestión de las identidades…

MARÍA   Las banderas sirven, las más de las veces, para
            camuflarse.

VICTORIA   Me gusta cómo viste.

MARÍA   Cuando viajo, voy ligera.

VICTORIA   Muy personal.

MARÍA   No me camuflo.

VICTORIA   Apenas se maquilla.

MARÍA   Usted, tampoco.

VICTORIA   Procuro no camuflarme.

MARÍA   Así que estamos…

VICTORIA   Cara a cara.

MARÍA   Sí, cara a cara.

VICTORIA   ¿Por qué ha querido verme?

MARÍA   ¿No lo adivina?

VICTORIA   No soy la pitonisa de Delfos, a la que acudió
           aquel Edipo.

MARÍA   Ayer pedí verla y hoy me recibe. ¿Por qué tan
           rápido?

VICTORIA   Por si nuestra empresa tiene algún agujero ne-
           gro, y usted, tan meticulosa, lo ha detectado.
           Tal vez estén sonando las alarmas y no me he
           enterado…

MARÍA   Su empresa, por lo que yo sé, no tiene pro-
           blemas.

VICTORIA   ¿De verdad lo sabe?

MARÍA   Sí. Todo lo contrario. Lo hemos comentado... Su empresa sigue siendo deseada por los tiburones del sector.

VICTORIA   Lo afirma muy taxativa.

MARÍA   Puedo afirmarlo.

VICTORIA   Me alegra que lo sepa, y que lo afirme. No esperaba menos de usted. Una buena economista..., además de una buena abogada... Pero su futuro está en la economía pura y dura...

MARÍA   En su empresa no veo ningún agujero negro... ¿Alguna otra razón para recibirme de inmediato?

VICTORIA   Le sorprende.

MARÍA   Ya se lo he dicho, no es habitual.

VICTORIA   Pero le ha sorprendido.

MARÍA   En algún sentido, sí.

VICTORIA   Usted me dirá...

MARÍA   Una mujer tan importante...

VICTORIA   Menos que usted...

MARÍA   Con tantos compromisos... Y no me sobrevalore.

VICTORIA   Siempre hay un vacío en la agenda… Y no la sobrevaloro.

MARÍA   Es la dueña de una gran empresa...

VICTORIA   ¿No le apetece una copa?

MARÍA   Ya tengo agua… Soy muy frugal… Algún estigma judeocristiano…

VICTORIA   Y bien…, María…, al grano… ¿Por qué ha querido usted verme?

MARÍA   Porque quiero que me confirme que yo soy hija suya.

          …

VICTORIA   No quiere una copa… ¿Tampoco, ahora?

MARÍA   …

VICTORIA   Yo, sí

          (*Se sirve un oporto.*)

          …

MARÍA   …

VICTORIA   Sí, es usted muy frugal… Un estigma judeocristiano, sin duda…

MARÍA   …

             …

VICTORIA   Todo el mundo sabe que yo no tengo hijos.

MARÍA   Pero lo que todo el mundo sabe no es todo lo
             que sabe usted.

             …

VICTORIA   Dice que quiere que le confirme que usted es
             hija mía.

MARÍA   Exactamente.

VICTORIA   Usted lo afirma. Una afirmación implica una
             hipótesis.

MARÍA   Existe esa hipótesis.

VICTORIA   ¿Muy fundada?

MARÍA   Tengo datos.

VICTORIA   La escucho.

MARÍA   Yo también… La escucho.

VICTORIA   …

MARÍA   …

...

VICTORIA   Los silencios son muy elocuentes.

MARÍA   Lo dudo.

VICTORIA   Estamos escuchando nuestros silencios.

MARÍA   Los silencios no hablan.

VICTORIA   ¿Usted cree?

MARÍA   ...

VICTORIA   ...

MARÍA   Solo espero escuchar un sí o un no.

VICTORIA   Lo quiere escuchar...

MARÍA   A eso he venido.

VICTORIA   Escuche, entonces.

MARÍA   ...

VICTORIA   Quien lleva el nombre de María García, y ahora está en esta sala, frente a mí, conmigo, es mi hija.

MARÍA   ...

VICTORIA   Sí, es hija mía. No tengo más hijos. Usted es mi única hija.

                …

MARÍA   …

VICTORIA   ¿Lo ha grabado?

MARÍA   ¿Por quién me toma?

VICTORIA   Por mi hija.

                …

MARÍA   Buenas tardes… Suponía que no íbamos a necesitar mucho tiempo. Nos volveremos a ver pronto…

VICTORIA   ¿Se va a ir así…, sin más ni más?

MARÍA   Sí. Hoy solo quería comprobar algo que ya sabía. Solo eso. Nos seguiremos viendo… Mañana tengo una entrevista difícil con ese empresario que está en la cárcel…; muy amigo suyo, por cierto…

VICTORIA   …

MARÍA   Muchas gracias por recibirme y… por la verdad.

VICTORIA   La verdad.

María   La verdad…, que solo tiene una cara.

Victoria   Sí, solo hay una respuesta para el enigma de la esfinge.

María   Adiós.

Victoria   ¿Se va, entonces?

María   Sí.

Victoria   No se vaya.

María   Buenas tardes.

Victoria   ¡No debe irse!

María   ¿Por qué?

Victoria   Después de cuarenta y cuatro años…

María   ¿Después de cuarenta y cuatro años, qué?

Victoria   No te vas a ir así.

María   ¿Por qué me tutea?

Victoria   Te he confesado que eres mi hija.

María   Sí, me ha confirmado que soy hija suya. ¿Y qué?

Victoria   ¿María García no tiene corazón?

MARÍA   No, María García no tiene corazón... ¿Y Victoria Burton?

VICTORIA   Quiero hablar contigo.

MARÍA   Yo no tengo hoy nada más que hablar con usted.

VICTORIA   Necesito hablar contigo ahora. Para eso te he recibido. Ya sabía a lo que venías.

MARÍA   Adiós.

VICTORIA   ¿Te vas a negar?

MARÍA   ¿A qué?

VICTORIA   A que hablemos.

MARÍA   Para mí, hoy no hay nada más que hablar.

VICTORIA   Y si te digo que hoy, ahora, esta tarde, quiero pedirte...

MARÍA   ¿Qué?

VICTORIA   Perdón.

MARÍA   ¿Su verdad llega hasta ahí? ¿O es una mentira?

VICTORIA   ...

MARÍA   ...

VICTORIA   Es romper el hielo.

MARÍA   Después de cuarenta y cuatro años quiere pedirme perdón.

VICTORIA   No te vayas.

MARÍA   …

VICTORIA   Por favor.

MARÍA   …

VICTORIA   Siéntate… O no te sientes…

MARÍA   He confirmado lo que quería confirmar.

VICTORIA   ¿Mi confesión, primero, y el que te haya pedido perdón, después, no te dicen nada?

MARÍA   Por hoy es suficiente.

VICTORIA   No quieres saber más.

MARÍA   Ya sé lo que hoy quería saber.

VICTORIA   María… ¡Igual has tenido otra vida!

MARÍA   ¿A qué quiere jugar?

VICTORIA   Tal vez tu vida no era la tuya.

MARÍA   ¿No?

VICTORIA   Eres mi hija… Y la que crees que es tu vida,
               no es tu vida.

MARÍA   ¿No es mi vida?

VICTORIA   Ni siquiera has probado el agua.

MARÍA   ¿Es una incorrección?

VICTORIA   Sí, una incorrección… impropia.

MARÍA   ¡Una incorrección impropia… de su hija!

VICTORIA   Una incorrección impropia de este encuentro
               entre… ¡dos personas adultas!

MARÍA   …

VICTORIA   Somos dos personas adultas.

MARÍA   Dos personas adultas…

VICTORIA   ¡Dos mujeres adultas!

MARÍA   Dos mujeres…

VICTORIA   ¡Sí! ¡Dos mujeres!

MARÍA   (*Se sienta.*)…

               …

VICTORIA   Gracias.

MARÍA   ¿Gracias?

VICTORIA   Por no marcharte.

MARÍA   …

                 …

VICTORIA   Te esperaba.

MARÍA   Para que me tomara un vaso de agua con usted.

VICTORIA   Sí.

MARÍA   …

VICTORIA   Somos dos mujeres…

MARÍA   Adultas.

VICTORIA   Te he esperado toda mi vida… ¡Y has venido!

                 …

MARÍA   Así que me esperaba.

VICTORIA   Día a día…

MARÍA   Demasiados días…

VICTORIA   En estos cuarenta años…, he seguido tus pasos…

MARÍA   ¿Día a día?

VICTORIA   Cada hora.

MARÍA   ¿Así que usted ha sabido siempre de su hija?

VICTORIA   ¡Sí!

MARÍA   Dónde he estado… Dónde no he estado… Qué hacía… Qué no hacía…

VICTORIA   Sí.

MARÍA   Siempre…

VICTORIA   Siempre.

MARÍA   ¡No me diga!

VICTORIA   Así ha sido.

MARÍA   Pues en cuarenta años podía usted haber venido, alguna vez, a mi encuentro…

VICTORIA   …

MARÍA   En la guardería… En mi colegio… En la facultad de Derecho… En Oxford… En el Chase… En Nueva York… En París… En Telefónica… En mi bufete… García y Asociados… En Madrid… Aquí…

VICTORIA   Siempre he estado muy cerca de ti. Te puedo decir los colores del uniforme de tu colegio… Los nombres de tus profesores en la universidad y

de los directores de tu doctorado y másteres…
El recorrido de tu meteórica carrera en el Chase Bank… La dirección de las dos casas en las
que viviste en París… Tus relaciones… Tu vuelta a España como un gran fichaje… ¡Un talento recuperado! Conozco tu bufete y a tus socios. ¡Tú bufete! ¡Tú capricho!

MARÍA   ¡Mi capricho!

VICTORIA   Y sé también de vuestros clientes… ¡Cómo no!

MARÍA   ¿Cómo no?

VICTORIA   Por pudor no hemos trabajado contigo… Por
               pudor.

MARÍA   Por pudor, por pudor… ¿Todo, por pudor?

VICTORIA   Sí, exactamente; todo, por pudor.

MARÍA   Pudor…

VICTORIA   Puede que esa palabra no sea correcta en es-
               tos tiempos. Pero quiero creer que a ti te tie-
               ne que decir algo.

MARÍA   Tal vez, más que a usted.

VICTORIA   No lo dudo.

MARÍA   ¡Pudor!

VICTORIA   …

             …

MARÍA   Sé desde hace tres semanas que soy hija suya.

VICTORIA   …

MARÍA   Mi padre…

VICTORIA   …

MARÍA   Mi padre adoptivo, antes de morir, me lo con-
             fesó.

VICTORIA   …

MARÍA   Con mucho pudor… Con mucha emoción. Al
             final de su desahogo, entre lágrimas, quiso su-
             brayarme que Victoria Burton era… una bue-
             na… persona.

VICTORIA   …

MARÍA   Y me insistió en que hablara con usted.

VICTORIA   …

MARÍA   No le dije nada. No supe qué decirle. ¿Qué le
             iba a decir?

VICTORIA   …

MARÍA   Lo abracé. Estuve una hora abrazada a él. Se durmió entre mis brazos.

VICTORIA   …

MARÍA   Cuarenta y ocho horas después, murió… No volvimos a cruzar palabra tras el abrazo.

VICTORIA   …

MARÍA   «Habla con Victoria, hija mía», fue lo último que le escuché.

VICTORIA   …

MARÍA   «Hija mía…»

VICTORIA   Cuando me informaron de la muerte de… tu padre, supe que este día…, hoy, estaba próximo.

MARÍA   Y ha acertado. ¿Está satisfecha?

VICTORIA   Has tardado tres largas semanas en ponerte en comunicación conmigo… Demasiado tiempo.

MARÍA   Sí…, una eternidad.

VICTORIA   Te creía más rápida.

MARÍA   ¿Por mis ancestros?

VICTORIA   Hoy es un día importante.

MARÍA   Puede que, para usted, lo sea.

VICTORIA   ¿Para ti, no?

MARÍA   Para mí es un día más. Usted, esta tarde, ya sabe
           que yo sé que soy hija suya. Nada más.

VICTORIA   ¿Nada más? ¡Tú hoy has sabido, tú hoy has
           comprobado, que yo soy tu madre!

MARÍA   ¡No confundamos las cosas! Hoy yo he sabido
           que soy su hija... ¡Pero usted no es mi madre!

VICTORIA   ¿No soy tu madre?

MARÍA   Un cosa es que yo sea hija suya, y otra que us-
           ted sea mi madre. ¿No está claro?

VICTORIA   ¿Cómo vas a llamarme, entonces?

MARÍA   Señora Burton.

VICTORIA   ¿Te puedo preguntar por tu... señora madre?

MARÍA   Usted, que lo sabe todo de mí, no desconoce-
           rá, por sus detectives, inspectores o policías,
           que mi señora madre, desde hace seis años, está
           en las redes del Alzheimer. Mi señora madre,
           mi madre.

VICTORIA   Lo sé, y lo siento. Como siento el que desde hace
           tres años ella no reconociese a su marido...; ni

que, ahora, las más de las veces, no te reconozca a ti.

MARÍA   ¡Mentira, señora Burton! Una madre siempre reconoce a su hija.

VICTORIA   Comprenderás que eso yo no te lo voy a negar.

MARÍA   Usted ya sabe que yo sé que soy su hija. Algo que ya sabemos las dos. Nada más. (*Hace además de irse.*) Adiós, señora Burton. Nos volveremos a ver.

VICTORIA   ¿En un juzgado?

MARÍA   Aunque lo sea, no me considero una niña robada. Y a pesar de tener razones, no querría destruirla.

VICTORIA   …

           …

MARÍA   En fin…, de todas formas…, ahora me toca a mí… tendría que darle las gracias…

VICTORIA   ¿Gracias?

MARÍA   Sí… ¡Gracias, señora Burton!

VICTORIA   Gracias por tu agradecimiento... ¡Aunque no sabrás nunca todo lo que hemos hecho por ti desde esta casa!

MARÍA   Si usted lo cree así...

VICTORIA   Tus... padres no te lo habrán dicho porque juraron no decírtelo.

MARÍA   ¿Intenta chantajearme?

VICTORIA   Como tampoco en el Chase Bank te dirían nada... Ni en Telefónica...

MARÍA   ¿Qué me está queriendo decir?

VICTORIA   No te debes ir todavía. Tenemos que concretar el acuerdo que hemos de comunicar cuanto antes a la prensa.

MARÍA   ¿Qué estás diciendo?

VICTORIA   ¿Ya me tuteas?

MARÍA   ¡Pero qué dices!

VICTORIA   Me gusta.

MARÍA   ¿Qué ha dicho... usted?

VICTORIA   Lo que has oído, que tenemos que dar a la prensa la noticia de que María García va a asumir la presidencia de la empresa Burton...

MARÍA   ¿¡Qué!?

VICTORIA   En cuanto el consejo de administración lo apruebe…

MARÍA   ¿Qué es todo esto? ¿Qué decía de mis padres, del Chase y de Telefónica? ¿Y qué es esto de la presidencia de su empresa?

VICTORIA   Ahora no vamos a tener tiempo para concretar los detalles… Hoy yo tengo un viaje a Londres, y tú mañana tienes una cita importante con un empresario y querrás preparar esa reunión con la gente del bufete…

MARÍA   ¡Señora Burton!

VICTORIA   No he sido yo la que he ido a buscarte. Has sido tú la que has venido a buscarme. Eso ha quedado claro. Aunque, como una buena madre, ¡que lo he sido!, he sabido qué has estado haciendo a lo largo y ancho de tus cuarenta y cuatro años, y te he ayudado en todo lo que he podido. Y no te lo digo porque quiera que me lo agradezcas… Pero, ahora, tú has venido a mí. No he ido yo a ti… Tú has jugado tu baza. Ahora me toca a mí jugar la mía.

MARÍA   ¡Qué yo he jugado mi baza! ¿Qué está diciendo, maldita señora Burton?

VICTORIA   Cuidado con las palabras; a veces, son un «boomerang» peligroso.

MARÍA   Yo he venido aquí a cumplir un trámite… Y ya
           está cumplido.

VICTORIA   ¿Cumplido?

MARÍA   Y no he venido a buscarte.

VICTORIA   Vuelves a tutearme… Me gusta.

MARÍA   ¡No he venido a… bus-car-la!

VICTORIA   Discúlpame, querida… Lo he expresado mal…
           ¡Has venido a bus-car-te!

MARÍA   ¡Cuidado, Victoria!

VICTORIA   ¡Has venido buscando! Buscando… la verdad.
           La verdad de la esfinge… Lo hemos hablado…
           ¡Y has venido a buscarte! Y yo te he abierto las
           puertas de una casa que es la tuya.

MARÍA   Yo sé dónde está mi casa.

VICTORIA   Quizá, no.

MARÍA   Tengo una entrevista mañana muy importante…

VICTORIA   Pero esta tarde tenías, tienes, y lo sabes, una
           cita mucho más importante. ¡Esta! No debes
           desaprovecharla.

MARÍA   ¿Desaprovecharla? ¡Desaprovecharla…! No
           se confunda conmigo.

VICTORIA   Eres mi hija.

MARÍA   Vamos a ver…

VICTORIA   ¿Qué quieres que veamos?

MARÍA   Yo tengo mi vida, que es mía…

VICTORIA   Quizás, no tanto.

MARÍA   No le permito…

VICTORIA   ¿Qué no le permites a tu madre?

MARÍA   ¡Usted no es mi madre!

VICTORIA   ¿Qué no me permites?

MARÍA   Comprendo que ha podido ser apasionante el haber vivido desde la distancia…

VICTORIA   Una distancia muy corta.

MARÍA   Haber vivido una vida que no era la suya…

VICTORIA   Era mi responsabilidad el seguir contigo.

MARÍA   Y que, ahora, por un azar, quiera apropiarse de…

VICTORIA   He estado muy implicada en tu vida… Lo estoy.

MARÍA   Mi vida es mi vida.

VICTORIA   No, tu vida no es solo tuya.

MARÍA   Desde que a los veinticuatro años salí de la universidad y me fui a Inglaterra...

VICTORIA   ¡Desde el día en que naciste...!

MARÍA   ¿Desde el día en que nací...?

VICTORIA   ... Y cuando, al fin, consentí en que fueras entregada a los que has creído hasta hace tres semanas que eran tus padres...

MARÍA   ¿Por qué usted no ha existido en mi vida hasta hace tres semanas?

VICTORIA   Tenías que venir tú a mí, como has venido.

MARÍA   Cuando mi padre me lo dijo, no me lo podía creer.

VICTORIA   ¿Luego, sí?

MARÍA   En tres semanas, a pesar del entierro de mi pobre padre y todo lo demás, me he buscado en el amplio universo de los Burton... y no he encontrado ningún rastro de María García. Y no he querido perturbar a mi madre...

VICTORIA   Hemos sido muy discretos contigo.

MARÍA   ¡Hasta hoy!

VICTORIA   Tú ha sido la que has venido a mí.

MARÍA   En un viaje de trabajo…

VICTORIA   Y no tenemos mucho tiempo… Hoy, soy yo la que tiene que irse a Inglaterra…

MARÍA   Vamos a ser racionales…

VICTORIA   Somos dos mujeres adultas…

MARÍA   …

VICTORIA   En unas semanas, tendremos una rueda de prensa para informar de tu presidencia.

MARÍA   ¡…!

VICTORIA   Eres una autoridad en el Derecho y la Economía. A nadie extrañará tu nombramiento. ¡Todo lo contrario!

MARÍA   ¡Mi nombramiento!

VICTORIA   Sobre tu origen…, ya se hablará… A su tiempo.

MARÍA   No venda la piel del oso antes de cazarlo.

VICTORIA   Esto no es una cacería.

MARÍA   Entonces, ¿qué es?

VICTORIA   La prensa económica ya prevé movimientos en la empresa...

MARÍA   Usted ve fantasmas.

VICTORIA   Pues esos fantasmas... nos han hecho subir unos cuantos enteros en la bolsa... Cuando supe que tu padre...

MARÍA   ¡Un momento!

VICTORIA   ¿Sí?

...

MARÍA   ¿Me había ofrecido una copa?

VICTORIA   Sí, claro que sí.

MARÍA   ¡Señora Burton!

VICTORIA   ¿Este oporto?

MARÍA ...

VICTORIA   Bien, María...

MARÍA   ...

VICTORIA   (*Le da a* MARÍA *una copa con oporto.*) Salud...

MARÍA   ...

VICTORIA   Decías que fuésemos racionales. Veo que vas entrando en razón.

MARÍA   …

VICTORIA   Querría decirle ya a todo el mundo que eres mi hija, pero es prematuro… ¿No te parece?

MARÍA   …

VICTORIA   Lo tengo todo preparado. Lo puedes y lo debes supervisar. Nada se hará sin tu consentimiento.

MARÍA   …

VICTORIA   Si cualquiera puede ser presidente de un gobierno…, tú, con tu saber y tu experiencia, eres la persona adecuada para presidir nuestra empresa…

MARÍA   ¡No!

VICTORIA   ¿Seguro?

MARÍA   ¡No es mi vida!

VICTORIA   ¿Piensas que fue mi vida, al morirse Burton, tener que asumir yo la presidencia?

MARÍA   Con todo el respeto…

VICTORIA   En tu vida ya ha habido muchos cambios.

MARÍA   Era mi vida.

VICTORIA   ¿Tu vida?

MARÍA   ¡Mi vida!

VICTORIA   ¿Qué es nuestro en nuestra vida?

MARÍA   Su vida es su vida. Mi vida es la mía.

VICTORIA   Aquí ha llegado el relevo. Estás preparada para ello. Te hemos preparado… Te he preparado… ¡Yo te he preparado! ¿Qué crees que he estado haciendo durante toda tu vida? Te he preparado para esto.

MARÍA   ¡Señora Burton!

VICTORIA   Una mujer de cuarenta años sustituye a otra de sesenta…

MARÍA   No.

VICTORIA   Piénsalo.
             …

MARÍA   No puedo aceptar… No puedo aceptarle…

VICTORIA   No puedes aceptar que soy tu madre…

MARÍA   No es mi vida…

VICTORIA   Tu vida… ¡Otra vez, tu vida! ¡Por Dios! ¡Tu vida es la mía! Tenía veintidós años cuando te parí… ¿Comprendes? ¡Veintidós años!

MARÍA   …

VICTORIA   Veintidós años.

MARÍA   Veintidós años…

VICTORIA   Había acabado con muy buenas calificaciones el cuatro de carrera… Las mejores de mi curso… Entre cien condiscípulos…

MARÍA   …

VICTORIA   No quise que nacieras... Mi madre, la Victoria de los Santamaría, de la que tú ya sabes, muy católica, me obligó a tenerte. ¡A pesar suyo! Pero el aborto era un crimen. Y su confesor la obligó a aceptarte.

MARÍA   No me interesa esa película.

VICTORIA   Fue un parto difícil. Lo pasamos mal las dos. Al fin, una cesárea, «in extremis». No me gustó…

MARÍA   No quiero saberlo.

VICTORIA   Estuve a punto de morir… Y los fórceps provocaron en ti una hemorragia… Una brecha que a veces me ha parecido apreciar en tu frente; sí, ahí, junto a la ceja izquierda…

MARÍA   Paso de la aventura que pudo tener usted en cuarto de carrera...

VICTORIA   Exactamente, estaba ya en quinto... Iba muy bien..., pero tú...

MARÍA   ¿Yo fui la que la hice perder un año?

VICTORIA   Sí... Mi año perdido... Me has estudiado bien en tres semanas.

MARÍA   Pero no me interesa esa película. Ya se lo he dicho.

VICTORIA   ¡Pues es tu película!

MARÍA   Más bien la suya.

VICTORIA   Tras el parto... Durante unos meses te tuve a mi lado. No dejé de darte el pecho. Eras una glotona. Me volvías loca. Muy despierta, inteligente, curiosa...

MARÍA   ¡Y pudo desprenderse de mí!

VICTORIA   No me fue fácil.

MARÍA   Pero se desprendió de mí.

VICTORIA   La familia.

MARÍA   ¡Los Burton!

VICTORIA   No solo los Burton.

MARÍA   ¡Y los Santamaría!

VICTORIA   Vas comprendiendo a la familia…

MARÍA   La familia…

VICTORIA   Cuando te dejé, pensé en todo lo que íbamos a pasar las dos hasta llegar a este momento…

MARÍA   Lo que íbamos a pasar… las dos.

VICTORIA   Pero la familia… Sí, la familia… Desde los griegos… Orestes y Electra… Sí, aquellos hermanos… La muerte de Agamenón… La familia…

MARÍA   ¿Los griegos?

VICTORIA   Los griegos, sí…

MARÍA   Los griegos…

VICTORIA   Te he imaginado en este momento como a un Edipo…

MARÍA   ¿Volvemos a Edipo?

VICTORIA   ¡Tú hablaste de la esfinge!

MARÍA   El enigma… No me diga…

VICTORIA   Te veo como Edipo descubriendo su pasado…, descubriendo tu pasado… De golpe.

MARÍA   Edipo…

VICTORIA   Sí.

MARÍA   …

VICTORIA   ¿O yo soy Edipo?

MARÍA   …

VICTORIA   Sí…, yo soy más bien Edipo.

MARÍA   ¿Por qué ahora este rollo?

VICTORIA   He estado esperando este momento cuarenta y cuatro años…

MARÍA   ¿Así, de esta manera?

VICTORIA   Tú lo has querido…

MARÍA   …

VICTORIA   El destino lo ha querido.

MARÍA   ¿Qué es el destino?

VICTORIA   ¡El que tú estés ahora aquí!

…

MARÍA   Puedo permanecer aquí, con usted…, por una sola razón.

VICTORIA   ¿Una sola razón?

MARÍA   Pensaba dejarlo para otro momento…, pero tal vez no exista ese momento… Y, después de todo, quiero saberlo ya… Los griegos, Orestes y Electra, la familia, Edipo… Este oporto… Por cierto, excelente… ¿Quién fue mi padre, señora Burton?

VICTORIA   ¡Claro…! Tenías que preguntarlo… ¿Quién fue tu padre?

MARÍA   Sí, ¿quién fue mi padre?

VICTORIA   El que sembró la semilla…

MARÍA   A usted no se le ha conocido varón.

VICTORIA   El padre… La semilla…

MARÍA   ¡La señora Burton es para todos… la «Reina Virgen»!

VICTORIA   Tu padre…

MARÍA   Su hombre…

VICTORIA   Mi hombre…

MARÍA   ¿No puedo saber su nombre?

VICTORIA Yo estaba enamorada de un compañero de la facultad…

MARÍA ¿Él fue mi padre?

VICTORIA Un hermoso muchacho…, un hermoso muchacho…

MARÍA ¡Muy romántico!

VICTORIA Todo ocurrió aquel verano…

MARÍA Al acabar cuarto de carrera…

VICTORIA Exactamente… Habíamos terminado los dos muy brillantemente nuestro cuarto curso…

MARÍA ¡Una buena pareja!

VICTORIA Sí.

MARÍA Y era verano…

VICTORIA Jugaba muy bien al tenis… Como papá…

MARÍA Su padre… Sí…, su padre y la Copa Davis… Casi un campeón… Esa batalla me la sé… Lástima, su lesión…

VICTORIA ¿Tú también juegas al tenis?

MARÍA No, yo corro cada mañana.

VICTORIA   Odio el tenis…

MARÍA   ¿Qué pasó aquel verano?

VICTORIA   En unas semanas tendremos la rueda de pren-
           sa. Un día antes, el consejo de administración.
           Y adelantaremos la asamblea general. Este año
           podremos dar unos buenos dividendos…

MARÍA   ¿Qué pasó con el jugador de tenis?

VICTORIA   Londres me espera.

MARÍA   ¿Que pasó con el hermoso muchacho?

VICTORIA   Concretaremos en otro momento los detalles
           de la rueda de prensa…

MARÍA   ¡Todo esto es un despropósito!

VICTORIA   Ahora no tienes novio. Pero has tenido algu-
           nos… Más amigos que novios, la verdad…
           Todo, muy superficial…

MARÍA   ¿Qué tienen que ver ahora mis amigos?

VICTORIA   Bueno, todavía nos queda tiempo… Después, tú
           tienes que preparar con tu gente la reunión de
           mañana. Podríamos ver ahora lo de la prensa…

MARÍA   Señora Burton, me acaba de confirmar esta tar-
           de que soy su hija. Si no quiere decirme quién
           la folló…

VICTORIA   ¡Por favor!

MARÍA   Alguien la follaría...

VICTORIA   No comprendo como tú...

MARÍA   No deja de ser su problema...

VICTORIA   ¿Mi problema?

MARÍA   ¡Vale, señora Burton! ¡Vale! Usted tiene aho-
            ra un viaje a Londres, y yo, efectivamente, ten-
            go que verme con los abogados de mi bufete
            para preparar la reunión de mañana por la ma-
            ñana con un cliente. O sea, usted tiene su vida
            y yo la mía. Y a mí no me desagrada mi vida,
            sino todo lo contrario. Disfruto de una posi-
            ción y de un relativo reconocimiento, en la
            profesión y fuera de la profesión. Me han que-
            rido captar para la política. El mundo empre-
            sarial me hace continuamente ofertas. Si
            una universidad me pide, aquí, en Alemania
            o en Canadá, que imparta una clase sobre la
            vigencia de Adam Smith o un curso sobre la
            huella del Derecho Romano, lo hago. Estuve
            en dos grandes empresas, sí. Y sé lo que es es-
            tar en una empresa, y pensar que esa empresa
            es tu empresa..., que es tuya, aunque no lo sea.
            Son las reglas del juego... Como las lentejas. Si
            las quieres, las comes, y, si no, las dejas. Me fui
            de un alto cargo en Telefónica... Puse en mar-
            cha mi bufete. Mi capricho, dice usted... ¡Pues
            sí, mi capricho! Con cincuenta abogados,

mis socios. Nada me ata. Ni nadie. Soy libre. Libre, ¿me entiende? ¡Libre! No tengo novio, ni quiero tenerlo. Sí tengo algunas buenas amigas. Y muy buenos amigos... De los que no me fío un pelo... Lógicamente, tengo también muy buenos enemigos... y muy buenas enemigas. Con cuarenta y cuatro años, estoy al cabo de la calle. Dispuesta a todo... Para defender mi libertad... Mi libertad es mi fuerza. Mis padres..., mis padres de verdad..., a quienes he adorado, y sigo adorando, me han enseñado eso, a ser libre.

VICTORIA   Tus padres en todo momento se han atenido estrictamente a mis condiciones.

MARÍA   ¡No quiere decirme quién fue mi padre real!

VICTORIA   A tu madre, aunque esté en las nubes del Alzhéimer, dile que Victoria Burton Santamaría la recuerda mucho. Y con cariño. Seguro que lo escuchará. Y le agradará que tú se lo digas. Entenderá que sabes la verdad... Me gustaría visitarla.

MARÍA   ¿Visitar a mi madre?

VICTORIA   Crees que nada te ata. Edipo pensaba que nada lo ataba... ¿No querrías jugar al tenis conmigo?

MARÍA   ¿No odia usted el tenis?

VICTORIA   Pero tu caso no es el de Edipo, no.

MARÍA   ¿En qué quedamos?

VICTORIA   El de Edipo es mi caso, te decía. De la misma
             forma que te sientes libre llevando tu bufete,
             lejos de «telefónicas»…, serás libre llevando
             nuestra empresa. Tu empresa. Yo voy a desapa-
             recer. Contigo aquí, yo ya habré vivido mi
             vida… Que la he vivido por ti y para ti… Para
             esto… Me gustaba aquel muchacho con el que
             tuviste un amor muy apasionado en Oxford.
             Era de una buena familia galesa…

MARÍA   Hasta ahí ha llegado…

VICTORIA   Charlie…

MARÍA   No alcanzo a comprender…

VICTORIA   ¿Al final, tuviste que abortar?

MARÍA   ¿A qué viene esa pregunta?

VICTORIA   Es un momento confuso para mí de tu vida.

MARÍA   ¿Confuso?

VICTORIA   ¿Abortaste? Se lo pregunté a tu madre adop-
             tiva y me contestó que cómo podía pensar yo
             eso de mi hija…

MARÍA   Nunca imaginé…, ni tras la confesión de mi
             padre…, ni indagando en la historia de los
             Burton…

VICTORIA   Perdón… Pasase lo que pasase…

MARÍA   Pasase lo que pasase, ¿qué?

VICTORIA   No sé lo que pasó con aquel hijo, si es que lo tuviste…

MARÍA   No es este el momento…

VICTORIA   Discúlpame.

MARÍA   ¿Qué es esa basura que tiene usted en la cabeza?

VICTORIA   Perdón.

MARÍA   ¡Vamos a dejarlo!

VICTORIA   Sí, por hoy, vamos a dejarlo. En unos días nos volvemos a ver… El chófer me está esperando en la puerta… Tenemos hora de salida del avión de la empresa en el aeropuerto… Londres espera… Y tú tienes a Nicolás para llevarte a tu hotel en la ciudad…

MARÍA   ¡El avión de la empresa…!

VICTORIA   Sí.

MARÍA   …

VICTORIA   Aunque, todavía queda tiempo...

MARÍA   ¡Aunque tenga hora de salida, el avión de la casa podrá esperar!

VICTORIA   Sí, aún queda tiempo…

MARÍA   ¡Y si tiene que esperar, esperará!

VICTORIA   Todo es posible…

MARÍA   ¡Será por dinero!

VICTORIA   No todo es dinero…

MARÍA   Pareciera que sí…

VICTORIA   No.

…

MARÍA   ¿Quién fue mi padre…? Solo quiero saber eso…, estimada Victoria…, estimada señora Burton.

VICTORIA   Tú no sabes nada de mí.

MARÍA   Sé lo que se sabe, y más.

VICTORIA   O sea…, que no sabes nada.

MARÍA   En esta tarde he sabido mucho de usted.

VICTORIA   No sabes nada de mí; pero, lo más importante, no sabes nada de ti.

MARÍA   ¡Quién fue mi padre, señora Burton!

VICTORIA   Charlie me pareció un buen chico…

MARÍA   Stop, señora Burton. Charlie no existe.

VICTORIA   …

MARÍA   ¡Alto ahí, Victoria!

VICTORIA   He estado muy cerca de ti.

MARÍA   No puedo concebir que me espiase hasta los extremos que estoy conociendo.

VICTORIA   He vivido tu vida… tanto como tú, o más.

MARÍA   ¡Señora Burton!

VICTORIA   Estás en mi vida. Solo faltaba que vinieras a mí.

MARÍA   ¡Me asusta!

VICTORIA   Me gusta cómo eres, María.

MARÍA   No siga.

VICTORIA   Hemos hecho algo bello.

MARÍA   ¿Bello?

VICTORIA   Contra el mundo.

MARÍA   ¿Contra el mundo?

VICTORIA   ¡Contra el destino!

MARÍA   ¡Estos jodidos zapatos!

VICTORIA   Me gustan mucho esos zapatos...

MARÍA   No los aguanto…

VICTORIA   A mí me suele pasar…

MARÍA   ¡Mierda!

    (Arroja los zapatos hacia el proscenio.)

VICTORIA   Tienes mi estilo… No me conoces, María.

    *(*MARÍA *va hacia el proscenio y se vuelve a calzar los zapatos.)*

VICTORIA   Permanecí al lado de mi padre, como una esclava, por ti. (MARÍA *se quita de nuevo los zapatos.)* Me tienes que conocer.

    …

MARÍA   *(Deambula descalza y nerviosa por la sala. Bebe.)* ¿Llegó el momento de las confidencias?

VICTORIA   Confidencias…

MARÍA   Tal vez.

VICTORIA   De mujer a mujer…

MARÍA   Ya no tiene prisa.

VICTORIA   Un buen oporto, ¿verdad?

MARÍA   De mujer a mujer…

VICTORIA   …

MARÍA   …

VICTORIA   Después de aquel cuarto curso brillante, y de un año dedicado a sobrevivir, una vez que te fuiste...

MARÍA   ¿Que me fui?

VICTORIA   Una vez que te fuiste…

MARÍA   Cuando me abandonó.

VICTORIA   …volví a la universidad.

MARÍA   Como si no hubiera pasado nada.

VICTORIA   Volví con más fuerza.

MARÍA   Victoria, la fuerte…

VICTORIA   La fuerte…

MARÍA   Sí, premio extraordinario de fin de carrera…

VICTORIA   Volví sola.

MARÍA   ¿Y nuestro amigo, el tenista?

VICTORIA   Volví sola y seguí sola.

MARÍA   Y sin competencia. La primera de cualquier promoción. Por delante de quienes luego han llegado a ser ministros.

VICTORIA   Algunos..., los más inútiles. El estudio fue mi refugio... La angustia, el temor, el terror, reinaban en casa desde tu nacimiento... Amigos, médicos, enfermeras, curas, monjas... La búsqueda de tus padres. Pero el accidente..., la muerte de mi madre..., aquel vuelo suyo al abismo con el coche de papá..., fue el apagón de todo. La culpa cayó sobre Burton... La empresa pasó su peor crisis. Mi padre quiso tirar por la borda lo que él, mi abuelo y mi bisabuelo, habían conseguido. Entonces, con mis títulos en la mano y un total desconocimiento de lo que la empresa significaba en realidad, me armé de valor, y por ti, por este hecho que hoy se ha producido, de que pisaras alguna vez esta casa, salimos del pozo... (*Se ha acercado a la maqueta de la fábrica.*) ¡El castillo se salvó!

MARÍA   ¡El castillo!

VICTORIA   Se salvó.

MARÍA   …

VICTORIA   …

MARÍA   ¿Cuándo comenzó a espiarme ?

VICTORIA   ¿Espiar? No es la palabra. Siempre he tenido contacto con tus padres adoptivos. Y, luego, gente especializada. Personas de confianza.

MARÍA   Como Nicolás.

VICTORIA   ¿Nicolás? Sí… Nicolás es de mi plena confianza.

MARÍA   ¿Usted me vio en algún momento en estos más de cuarenta años?

VICTORIA   Tras la muerte de tu abuela, los diez años que siguieron fueron de una lucha titánica por sacar la empresa adelante… Después de salvarnos de la OPA que quería devorarnos, pude dedicarme más a ti.

MARÍA   La OPA hostil, claro. Usted estuvo allí.

VICTORIA   Yo he estado siempre al frente de todo… Sí, aquella OPA de los franco-italo-americanos… ¡Unos cabrones!

MARÍA   Unos cabrones… ¡Bravo, Victoria! ¡Unos cabrones!

VICTORIA   ¡Unos cabrones, sí! Por ti, pude vencer la OPA.

MARÍA   De aquellos cabrones… Por mí…

VICTORIA   Superada aquella guerra…

MARÍA   Salvado el castillo…

VICTORIA   …con muy buenos colaboradores, los que tú tendrás si quieres…, cada año no he dejado de seguirte.

MARÍA   ¿Dónde?

VICTORIA   Allí donde estuvieras.

MARÍA   ¿Sí?

VICTORIA   Donde más te seguí fue en París… Conocí las tiendas en las que comprabas. En lo que he podido, he guiado tus gustos. Esos zapatos sé que te fastidian… Esos tacones… Y tú aguantas… Nos aguantamos… Aunque nos jodan.

             …

MARÍA   ¿Qué pasó con mi padre?

VICTORIA   Tu padre real…

MARÍA   …

VICTORIA   Aquel muchacho que jugaba al tenis desapareció…

MARÍA   ¿Vive todavía?

VICTORIA   En Estados Unidos.

MARÍA   …

            …

VICTORIA   En una ocasión, en París, coincidimos tú y yo…, de compras… En una tienda de Saint-Honoré, cerca de tu querida Concordia…

MARÍA   ¿De compras?

VICTORIA   Tú te probabas unos zapatos.

MARÍA   ¿Unos zapatos?

VICTORIA   Unos malditos zapatos, como esos…

MARÍA   ¿De Jimmy Choo?

VICTORIA   De Laboutin.

MARÍA   No creo.

VICTORIA   Era sábado… Sabía que algunos sábados y domingos solías ir de tiendas… Había tenido reuniones y me quedé, a propósito, el fin de semana… Lo había intentado en otras ocasiones…

Una locura… Aquel sábado, te vi en la tienda… Entré… Me acerqué y pasé a tu lado y dije, más a la dependienta que a ti: «Beaucoup de talons, me beau».

MARÍA   Mucho tacón, pero bonitos...

VICTORIA Te hizo gracia, pero ni me miraste.

MARÍA   No lo recuerdo. ¿Eran de Christian Laboutin o de Jimmy Choo?

          …

MARÍA   En todo caso…

VICTORIA ¿Sí?

MARÍA   ¿Habría que ver el tema con nuestros aboga-dos?

VICTORIA ¿El tema de Christian Laboutin y Jimmy Choo?

MARÍA   ¡El del futuro de la empresa!

VICTORIA ¡Nuestros abogados! Las dos somos abogadas. Somos nuestras mejores abogadas. Pero me gusta que ya estés preocupada por el futuro de la empresa.

MARÍA   No sé por qué lo he dicho… Paso… La empre-sa es cosa suya.

...

VICTORIA   Hablando de abogados… Es un buen momento para que pases el bufete a tus socios. Tal y como está el panorama de la política, mal van las alianzas entre el dinero y los partidos. No sé por qué te metiste en el lío del bufete… Vaya capricho… Nuestra empresa está en el mundo, por encima del bien y del mal. Debes salirte del bufete.

MARÍA   No es un buen consejo.

VICTORIA   Todo lo que tenga que ver con la política está contaminado.

MARÍA   Entonces, todo está contaminado.

VICTORIA   Tú, mañana por la mañana, vas a verte con un empresario, además de político, muy contaminado…

MARÍA   Lo enfrento con la justicia.

VICTORIA   María García, o la justicia. Me enorgullece, como madre, que mi hija…

MARÍA   Queda en el aire el que yo la acepte como madre… Ciertamente, usted, después de todo este circo, es una desconocida para mí…

...

VICTORIA   Bueno, en realidad, es que tú no eres hija mía…

MARÍA   …

VICTORIA   Tienes razón…

MARÍA   …

VICTORIA   Tú eres hija de tu padre…

MARÍA   …

VICTORIA   El sembrador de la semilla…, como dijo Apolo de Agamenón, en el juicio a Orestes por el asesinato de su madre…

MARÍA   …

VICTORIA   Agamenón fue el que sembró la semilla… Tu padre fue el que sembró la semilla…

MARÍA   …

VICTORIA   Tu padre…

MARÍA   …

VICTORIA   Tu padre…

MARÍA   …

VICTORIA   Burton.

MARÍA   …

VICTORIA   Tú eres hija de Burton.

MARÍA   …

VICTORIA   Pedro Burton… Él fue el que sembró la semilla…

MARÍA   …

VICTORIA   Eres hija de Burton.

MARÍA   …

VICTORIA   Mi padre fue tu padre.

MARÍA   Burton…

VICTORIA   Sí, mi padre.

MARÍA   Su padre…

VICTORIA   Exactamente.

MARÍA   Así que esta tarde sé que… tengo una hermana.

VICTORIA   Si lo quieres ver así…

MARÍA   …

VICTORIA   Tu padre me violó… Es decir, mi padre me vio-
               ló y naciste tú.

MARÍA   Burton…

VICTORIA   Un violador… El cruel violador de su hija… De tu madre… Pedro Burton… Un hijo de puta…

MARÍA   El secreto de los Burton.

VICTORIA   Sí, el secreto de los Burton…

MARÍA   Parece, entonces, que soy una Burton en estado puro: por parte de madre… y de padre…

VICTORIA   Eso… María… Burton y Burton…

MARÍA   ¡Genial! Toda una sorpresa… Burton y Burton…

VICTORIA   Hay un documento, que no saldrá nunca de la familia, que acredita que eres hija suya. Como yo.

MARÍA   ¡Un valioso documento!

VICTORIA   Está bajo llave…

MARÍA   ¡En una caja de caudales!

VICTORIA   De su puño y letra… Lo que no deja de honrarle… Burton escribió que eras hija suya… Ante notario.

MARÍA   Hija de Burton.

VICTORIA   Sí, eres hija de Burton… Además de hija mía…

MARÍA   …

VICTORIA   Lo de ser hija de Burton parece que te ha asombrado más que el ser hija mía…

MARÍA   Mi padre solo me habló de usted.

VICTORIA   Tu padre adoptivo…

MARÍA   Mi padre.

VICTORIA   De cualquier forma, María García no parece muy impresionada por el hecho de que Pedro Burton sea su padre real…

MARÍA   Lo estoy procesando, señora Burton.

VICTORIA   Procesando…

MARÍA   No es fácil de asimilar.

VICTORIA   Procesar… Asimilar…

MARÍA   Sí, procesar…, asimilar…

VICTORIA   Lo comprendo. Sobre todo, asimilar. Yo, procesado lo tengo. Asimilado, todavía, no… Acabas de llegar…

MARÍA   Acabo de llegar…

VICTORIA   Después de cuarenta y cuatro años.

MARÍA   …

VICTORIA   Se merece un brindis… ¿No?

             …

MARÍA   Oporto… Siempre me ha atraído Oporto…
             Como testigo de un pasado…

VICTORIA   …

MARÍA   Portugal…

VICTORIA   …

MARÍA   Comencé enamorándome de Faro…

VICTORIA   …

MARÍA   Faro…

VICTORIA   Te compraste una casa allí…

MARÍA   Sí. Faro.

VICTORIA   …

MARÍA   ¡He de reconocer que no puedo sino… admi-
             rarte! ¡Sí, te admiro, Victoria! ¡Te admiro!

VICTORIA   ¿Tuteas, definitivamente, a tu hermana…?

MARÍA   Pongamos que lo eres.

VICTORIA   Me alegra que vayas encajando bien este «caso»…

MARÍA   La gran Victoria Burton…

VICTORIA   Ahora, grande…

MARÍA   Antes de saber nuestra hipotética relación, tengo que reconocer que la figura de Victoria Burton me había interesado… Cuando mi padre…

VICTORIA   ¿Tu padre García?

MARÍA   Sí, cuando mi padre García pronunció… tu nombre…

VICTORIA   Tu nombre… Suena bien que me tutees…

MARÍA   Ya tendría que tutearte… ¿No, hermana?

VICTORIA   Me gusta…

MARÍA   Cuando mi padre pronunció tu nombre, no sé por qué me resultó familiar…

VICTORIA   ¿Tanto?

MARÍA   Ya sabía de ti… ¡Cómo no! Victoria Burton… Una tía dura, como de acero…. ¡Asombraste a los empresarios de este país, y del mundo, en la famosa OPA hostil, siendo todavía una novata, cargándote a todo el consejo de administración! Sin temblarte el pulso, conseguiste que esta maqueta siguiera siendo de Burton. Tu castillo. Y, después…, todo lo demás… Hasta hoy.

VICTORIA   Y aquí me tienes…

MARÍA   Tras cuarenta años al lado de tu violador… ¡Cara a cara! ¡Le echaste ovarios, hermana! ¡Mi más que admirada hermana!

VICTORIA   Está bien que nuestra relación parta más desde la admiración que desde los genes…

MARÍA   Tras vivir cuarenta años con tu enemigo…

VICTORIA   No fue mi enemigo, fue mi padre…

MARÍA   Victoria… Burton.

VICTORIA   Así se forjó esta tía…, dura como el acero…
…

MARÍA   Esta brecha que te ha parecido apreciar en mi frente, aquí, junto a la ceja izquierda, no se produjo en tu parto. Y tengo otras cicatrices… De las que no te hablaron tus informadores. Charlie, aquel hijo de buena familia galesa, al que has mencionado, resultó que, con todo su pedigrí, no era más que un simple hijoputa. ¡Otro más!

VICTORIA   Charlie…

MARÍA   Charlie.

VICTORIA   El joven galés…

MARÍA   Así que te llegó que tuve un amor apasionado con él…

VICTORIA   Me llegó… Como también supe que rompisteis.

MARÍA   Sí, aquello se rompió. Y me rompí… Hasta hoy… Cuando llegué a Oxford, el tal Charlie y un amigo suyo, Edward, fueron mis aliados. La verdad es que aunque me llevaba mejor con Edward, que era muy ocurrente, Charlie me resultó… irresistible. Yo iba a Oxford a lo que iba, a mi máster en recursos humanos, y no quería entretenerme. Pero Charlie se empeñó tanto…. Al fin, vivimos una semana alucinante. Ocurrió en Londres. Fuimos los tres, Charlie, Edward y yo, a ver Falstaff, la ópera de Verdi, con Plácido Domingo, en el Covent Gardent. Los chicos pensaron que me haría ilusión ver a Plácido en el Royal Opera House… Y claro que sí… Tras la función, que fue un éxito, Edward, el ocurrente, desapareció. Dijo que nos veríamos en el hotel. Y Charlie me llevó a cenar al Wiltons…

VICTORIA   Buen nivel… Jermyn Street…

MARÍA   Cenamos, paseamos un rato por Piccadilly y nos fuimos al hotel. Teníamos una nota de Edward: que se volvía a Oxford esa misma noche por un imprevisto... Durante tres días Charlie y yo no salimos de mi habitación. No sé si antes, en aquellos días o después, me quedé embarazada. A los tres meses, en un fin de semana, en el que nos fuimos a un pequeño hotelito, que solíamos frecuentar, en un pueblo cercano, Dalton Hill, se lo dije. ¡¡¡Que cómo lo había permitido!!! Se vino sobre mí y me empezó a dar puñetazos en el vientre... Y luego golpes en la cara, haciéndome la brecha. Me metió en el coche. Sentí morir. Al llegar a Oxford me llevó a un médico que conocía... Después de todo..., me dejó en mi «college»... No lo denuncié. Al maltratador. Y perdí a mi hija. A la que ya quería. La quería, hermana. La quería.

VICTORIA   María... García...

MARÍA   Sí, María García. Esa soy yo.

VICTORIA   ...

MARÍA   Fue hace mil años...

VICTORIA   ...

MARÍA   Durante una semana no salí de mi habitación. Luego, me incorporé al curso... El hijoputa desapareció… Su amigo Edward se me acercó un día y yo le dije, simplemente y en voz baja: «¡No!». Saqué el máster y me volví.

VICTORIA   …

MARÍA   Esta es mi vida. De nadie más…

VICTORIA   María.

MARÍA   Esta es tu hermana.

…

VICTORIA   En verdad, no te conocía.

MARÍA   Ni yo a ti.

VICTORIA   Siento no poder aplazar el viaje a Londres.

…

MARÍA   ¿En Grecia había mujeres titanes?

VICTORIA   Hubo amazonas…

MARÍA   Las guerreras…

VICTORIA   Mi amazona favorita siempre ha sido Pentesilea. ¡Todavía! Aquiles la venció en un combate y quiso casarse con ella. Pero como las amazonas no podían casarse con alguien que las hubiera vencido, ella lo retó a un nuevo combate. Y le ganó, pero no se casó con él, sino que, según algunas versiones…, lo mató.

MARÍA   Me gusta esa versión.

VICTORIA   Pentesilea como modelo…

MARÍA   Se dice que las amazonas se mutilaban los pechos para que no les estorbaran al disparar las flechas con su arco… ¿Te llegaste a cortar los pechos con los que me amamantaste?

VICTORIA   Las amazonas se cortaban el pecho derecho, para acoger el arco con el que defenderse… El pecho izquierdo, cercano al corazón, se reservaba para los goces del amor…

MARÍA   Entonces…

VICTORIA   No me corté los pechos.

MARÍA   ¿Y Burton fue tu Aquiles?

VICTORIA   No, yo no maté a Burton. Se murió solo.

MARÍA   Solo…

VICTORIA   Lo de don Pedro Burton te ha hecho mella.

MARÍA   Don Pedro Burton y Sáenz de la Cuesta…

VICTORIA   Era tu padre, y el mío.

María   Cuarenta y cuatro años…

            …

Victoria   Yo estaba muy enamorada de aquel tenista. Era
            un estudiante fino. Formidable. Y un atleta. En-
            tonces yo también jugaba al tenis. Y muy bien.
            Ahora, como tú, corro todas las mañanas. Con
            mi entrenador. Me encantará correr contigo...
            Odio el tenis… Mi novio era de una familia
            amiga. Nos enamoramos de niños… Luego, la
            carrera… Los veranos los pasábamos también
            juntos… En la costa, nuestras casas estaban cer-
            ca… Están cerca… El mar, los barcos… Pero
            aquel verano…

            …

María   ¿Aquel verano?

Victoria   ¿Otro trago?

María   …

Victoria   ¡Salud, hermana!

María   …

Victoria   No tenemos mucho tiempo ya…

María   En el bufete pueden esperar...

VICTORIA   Estoy bien aquí contigo… Lástima que no les pueda decir a los ingleses que no cuenten conmigo mañana…

MARÍA   ¿Me amó?

VICTORIA   No quiero faltar… Hay una decisión importante… Mañana estaré allí…

MARÍA   ¿Me amó?

VICTORIA   ¿Tu padre real?

MARÍA   ¿Me amó?

VICTORIA   Más que yo.

MARÍA   ¿Lo amaste?

VICTORIA   ¿A él?

MARÍA   …

VICTORIA   Soy una Burton.

…

MARÍA   ¿Cómo murió Burton?

VICTORIA   El cáncer… En la clínica Mayo no pudieron hacer nada…

MARÍA   Sí…, páncreas. Pero, ¿cómo murió?

VICTORIA   Puede resultarte melodramático…

MARÍA   A estas alturas…, no importa.

VICTORIA   Tu padre murió… pidiéndote perdón… A ti…
No, a mí… «Perdón, María…»

MARÍA   «Perdón, María…» El perdón a una desconocida…

VICTORIA   Era creyente…, la culpa.

MARÍA   ¿La cosa judeocristiana?

VICTORIA   El pecado…

MARÍA   ¿Practicas?

VICTORIA   ¿Te importa? No.

VICTORIA   ¿Y tú?

MARÍA   No. Creo en el ser humano.

VICTORIA   Yo, también creía…, y mira… Me imaginaba
otro mundo… Yo veía a mi padre, a tu padre,
en la empresa… ¡Él era la empresa! ¡Burton!
Y desde niña me interesé por… la empresa. El
castillo… Cuando le dije que quería ser abo-
gado-economista estalló en una carcajada que
me dejó atónita. ¿Para qué vas a ser tú eso?
Estudia Historia del Arte, como tu madre. Y
ya veremos con quién te casas… Mi madre

fue mi aliada... Me matriculé en lo que quería; en lo que queríamos Javier y yo. No te había dicho que el muchacho se llamaba Javier... Y nos iba muy bien. Hasta que pasó todo...

...

MARÍA   ¿Cómo pasó todo?

VICTORIA   Es ya muy tarde... Pero... Bueno, María García, ¿aceptas que sea tu madre? Lo de hermana, parece que está superado...

MARÍA   Si acepto que seas mi madre... ya que estaré contratada para presidir la gran multinacional...

VICTORIA   La empresa ya es tuya.

MARÍA   De la noche a la mañana.

VICTORIA   ...

MARÍA   ...

VICTORIA   Yo estaba jugando un partido de tenis con Javier. ¿Te he dicho que mi novio se llamaba Javier?

MARÍA   Sí... Javier...

VICTORIA   Fue un partido fácil para él. Era un 13 de julio y hacía mucho calor. Me ganó el primer set, 6-4. En el segundo le gané yo, 4-6. Pero en el tercero me volvió a ganar, 6-2. Burton estaba viendo el partido. Saltó a la cancha…

MARÍA   Como en sus tiempos de la Davis…

VICTORIA   Saltó a la cancha, me cogió la raqueta con furia y retó a Javier. Al principio, normal. Pero Burton perdió el primer set, 4-6. Y tal vez por ello, se lanzó a muerte. 6-2, en el segundo. Y 6-0, en el tercero. Implacable. Lo barrió. Burton bromeaba. Fuimos a tomar el aperitivo. Él bebió vino, tres copas. Nosotros, una coca-cola. De pronto, Burton pasó de la chanza a la agresividad. Como en el partido. Primero, con Javier; luego, con los dos. Que todo había que tomárselo con pasión. Que en cada bola nos jugamos la vida… Íbamos a comer los tres en casa… Mamá estaba en el mar y no vendría hasta la noche. Ante la agresividad de Burton…, Javier dijo que, ¡maldición!, tenía una comida de familia… Que había venido su tía Lina… Que se acababa de acordar… Y se fue… Comí con Burton… Él siguió con el vino… Una botella… Y abrió otra. Su agresividad volvió…, más violenta… Que por qué no bebía con él. Que teníamos que brindar por mi futuro. Aunque no le había hecho caso… Que tenía que haber estudiado Arte…, como mi madre… ¡Que qué quería yo demostrarle haciendo Derecho y Económicas! La situación se me hizo insoportable. Me levanté de la mesa para marcharme a mi cuarto e ir a buscar a Javier. Me ordenó que me volviera a sentar. No le hice caso. Entonces, se levantó y vino hacia mí... Llevándome en volandas, me sentó en mi silla... En silencio, continuó el almuerzo, hasta que se sirvió el café, que yo no tomé. Y Burton siguió con el vino. Dijo al servicio que recogiera la mesa y que se fuera... Cerró las puertas. Y le oí acercarse a mi silla. Se detuvo a mi espalda, puso sus manos sobre mis hombros y dijo: «Eres más hermosa que tu madre. La vida, al fin, es como una pelota de mach. Hay que jugarla a muerte». Yo, en ese momento, me oriné. Y ocurrió todo.

MARÍA   ...

VICTORIA   Luego, como si no hubiera ocurrido nada, Burton se fue a dormirla...

MARÍA   ...

VICTORIA   Subí a mi cuarto. Me duché. Necesitaba limpiarme... ¿Dónde he dejado mi oporto?

MARÍA   Aquí...

VICTORIA   ...

MARÍA   ¿Estás bien?

VICTORIA   Me puse un vestido rojo que me gustaba... Fui a la casa de Javier... ¿Vamos al cine...? Ponían La venganza de la Pantera Rosa.

MARÍA   La venganza de la Pantera rosa…

VICTORIA   Peter Sellers me sacó del mundo. Después nos
             fuimos a cenar con unos amigos con los que nos
             encontramos a la salida. Yo tomé rodaballo.

MARÍA   …

VICTORIA   Rodaballo.

MARÍA   …

VICTORIA   Me gusta este sabor del oporto…, caliente y
             frío.

MARÍA   …

VICTORIA   Este oporto rojo era el que le gustaba a mi pa-
             dre.

MARÍA   …

VICTORIA   A Burton lo odié. Él fue, al fin, el asesino de
             mi madre… Además de mi violador… ¡Mi vio-
             lador!

MARÍA   …

VICTORIA   Debo de ser un monstruo para ti.

MARÍA   …

VICTORIA   ¿Edipo sabría que mataba a su padre?

MARÍA   Infeliz Edipo…

VICTORIA   Sí…

MARÍA   El destino parece que es el único que sabe algo.

VICTORIA   Nuestra historia es la que sabe… Nuestra bio-
           grafía.

MARÍA   Nuestra historia...

VICTORIA   ¿No te pones los zapatos?

MARÍA   ¡Estos jodidos tacones!

VICTORIA   ¡Malditos tacones!

MARÍA   Tu chófer te espera; tu avión, también.

VICTORIA   Mañana por la tarde estoy de vuelta.

MARÍA   Yo ya me habré ido.

VICTORIA   Entonces…

MARÍA   Yo sigo mi vida y tú sigues la tuya.

VICTORIA   Tienes que tomar una determinación con re-
           lación a la empresa…

MARÍA   Ya está tomada. No es mi empresa.

VICTORIA   He esperado este momento cuarenta y cuatro años…

MARÍA   Has esperado demasiado, Victoria. Comprendo que María García…, que María Burton y Burton…, sea una pieza que falte en tu puzle. Pero Victoria Burton no es una pieza que falte en el mío.

VICTORIA   Mi vida es tu vida.

MARÍA   No, Victoria. Yo no fui un bebé robado que tenga que recuperar ahora su verdad. Fui una criatura no deseada, sí. Como tantos seres humanos…, sean rechazados por sus padres o no. Y tuve la suerte de tener unos padres, adoptivos, ejemplares. Unos padres pagados, bien pagados por lo que estoy sabiendo, pero que como actores conscientes y responsables de su papel, cumplieron bien su compromiso… Cumplieron el pacto…

VICTORIA   Lo cumplieron.

MARÍA   Y, de repente, apareces tú, mi madre real, con su muy sufrida vida a cuestas, diciéndome que me acaba de tocar la lotería; que de la noche a la mañana, por arte de magia, voy a ser presidenta de una de las mayores empresas del país… Esta maqueta es el juguete que me quieres regalar, como un Papá Noel…

VICTORIA   Es tu derecho. No puedo robártelo.

MARÍA   Me lo robaste hace cuarenta años.

VICTORIA   Ahora, te lo restituyo.

MARÍA   Me obligas a decidir, en un aquí te pillo, aquí te mato, ser otra persona.

VICTORIA   En cada decisión que tomamos optamos por ser otra persona. ¿Repasamos tu vida?

MARÍA   Detesto la demagogia, Victoria. Sé que tú también. Ahorrémonos esa farsa.

VICTORIA   ¿Entonces?

MARÍA   Sencillamente, no quiero ser otra. No me gustaría a mí misma. Y estoy segura de que tampoco esa otra hija te gustaría a ti.

VICTORIA   …

MARÍA   Tu chófer, tu avión y tu Londres te esperan.

VICTORIA   Y a ti, Nicolás… Mañana no nos veremos.

MARÍA   No…, después de estar con mi cliente me iré.

VICTORIA   Ha sido un encuentro intenso…

MARÍA   …

VICTORIA   ¿Para un desencuentro?

MARÍA	Ya sabemos dónde está cada una.
VICTORIA	Yo lo he sabido siempre.
MARÍA	Victoria…
VICTORIA	Sí…
MARÍA	Antes de separarnos, no puedo dejar de decirte algo…
VICTORIA	¿Algo?
MARÍA	No sé…
VICTORIA	¿Qué no sabes?
MARÍA	¡Quieres que te lo diga!
VICTORIA	No me das miedo.
MARÍA	¡Lo siento, Victoria!
VICTORIA	¿Lo sientes? ¿Qué sientes?
MARÍA	¡Lo siento por ti!
VICTORIA	¿Sí?
MARÍA	Siento que a tu muñeco se le haya acabado la cuerda… Siento tu vida perdida.
VICTORIA	¿Perdida?

MARÍA   Tras la conversación de esta tarde, siento todavía más la vida que has ido perdiendo año tras año… Cuarenta y cuatro años que tú no has vivido y yo sí… Me has insinuado…, bueno, me has llegado a afirmar, que mi vida me la habéis fabricado desde esta casa… Que me la has hecho tú… Que yo he sido una marioneta en tus manos… Pues… ¡No, Victoria! Mi vida me la he hecho yo… Con mis aciertos, que los he tenido, y mis equivocaciones, que no han sido pocas… Mientras, tú estabas viviendo una ficción… Una ficción que podrías haber hecho realidad. ¡Conmigo! Pero, en su momento, te faltó valor. Fuiste cobarde. ¡Y lo siento!

VICTORIA   En realidad, querida María, me estás diciendo que lo sientes por ti, no por mí.

MARÍA   Sé que te duele.

VICTORIA   Comprendo que, al final, quieras vengarte.

MARÍA   ¿Vengarme?

VICTORIA   Ajusticiarme.

MARÍA   Eso, tal vez. Hacer justicia, sí.

VICTORIA   Y condenarme.

MARÍA   Pero eres fuerte, y lo encajas.

VICTORIA   No era necesario que lo expresaras. Te conozco y sabía que todo esto lo llegarías a pensar… Y puedo saber lo que te callas… ¿Me odias?

MARÍA   No te odio. Te compadezco. Encadenada a tu padre. A nuestro padre…

VICTORIA   Cosas de familia. Agamenón es insondable. ¡Agamenón es Agamenón!

MARÍA   Tu verdugo.

VICTORIA   Nunca me he considerado víctima.

MARÍA   No eres una persona normal.

VICTORIA   ¿Quién es normal? ¿Tú?

MARÍA   Agamenón es insondable… Tú, también…

VICTORIA   Agamenón…

MARÍA   Me hubiera gustado conocerlo… El gran Agamenón…

VICTORIA   Me has preguntado si lo amé…

MARÍA   Y me has contestado que eres una Burton.

VICTORIA   Soy una Burton…

MARÍA   Como yo.

VICTORIA   Sí, tal vez no he vivido mi vida… Porque he vivido la tuya, una vida que no quieres… Y que ya no es de nadie… No me importa.

MARÍA   ¿No te importa?

VICTORIA   Quizás hoy comience a vivir…, en Londres… O después… No sé lo que haré con esta vida mía… Porque yo también tengo mi vida… Todos tenemos nuestra vida… ¡He seguido enamorada de Javier! La última vez, no hará un año, nos vimos en Nueva York… Nos alojamos los dos en el Ritz de Central Park… Por la mañana, paseamos por el parque… Después, fuimos a comer… Yo tomé… rodaballo… ¡Rodaballo…!

MARÍA   ¿Folláis?

VICTORIA   …

MARÍA   Me parece que tus pilotos tienen que estar nerviosos… ¿Tienes que avisar?

VICTORIA   No, ellos ya saben…

MARÍA   Si Victoria Burton no cumple puntualmente el Plan A es que hay que pasar al Plan B.

VICTORIA   Exactamente.

MARÍA   Todo bajo control.

VICTORIA   Nos viene de familia...

MARÍA   Es bueno este oporto...

VICTORIA   Es la marca favorita de tu padre Agamenón...

MARÍA   Lástima que yo no tenga un Plan B.

VICTORIA   Te lo he ofrecido.

MARÍA   Me siento extraña.

VICTORIA   Veo cómo te alejas.

MARÍA   Me amaste porque me necesitabas.

VICTORIA   Y tú me empiezas a amar porque ya no te voy a necesitar.

MARÍA   ...

VICTORIA   ¿Qué nos separa?

MARÍA   Un avión...

VICTORIA   ¿Y ahora?

MARÍA   Cumplamos con nuestro destino. No hay vuelta atrás. Tu vida, equivocada, ya está diseñada. Te queda darle un final digno. Es tu problema. Mi vida la sigo dibujando... Desde hoy, yo sola.

(MARÍA *va hacia el proscenio para recoger los za-*
patos, que se calza. Coge el bolso de la mesita.
Se miran.)

VICTORIA   Me gustas, María.

MARÍA   ¿De verdad? No le creo, señora Burton.

(*Aparta la mirada de su madre,* MARÍA, *abando-*
nará la sala.)

VICTORIA   (*Sola.*) Adiós…

Fin.

Epílogo
Palabras del autor

La obra *Malditos tacones*, producida por Jesús Cimarro –Pentación–, dirigida por Magüi Mira e interpretada por Luisa Martín –Victoria Burton– y Olivia Molina –María García–, se estrenó en el teatro Palacio Valdés de Avilés, el 30 de agosto de 2024, presentándose, a continuación, en el teatro Bellas Artes de Madrid, del 4 de septiembre al 20 de octubre, antes de iniciar una gira por diversos teatros de España, hasta finales de diciembre de 2025.

Después de cuarenta años, mi caminar teatral volvía a unirse a Jesús Cimarro con *Malditos tacones*. En 1986 estrenamos la función *Doña Elvira, imagínate Euskadi*, cuando él era el productor, con 20 años, de una de las compañía más relevantes del País Vasco, Geroa, de Durango, en Vizcaya. La obra, en «los años de plomo», tuvo muchas dificultades, que fueron soslayadas de manera ejemplar por el joven productor. Con significativos premios, Jesús la exhibió durante más de dos años por toda España, llevándola luego a Canadá y a Estados Unidos. Se puso en Nueva York, y la Universidad de Potsdam la premió como el mejor espectáculo del año.

Al comienzo de los años veinte de la actual centuria, alejado ya de las responsabilidades docentes, afrontaba este autor el cierre de una tetralogía sobre los últimos Borbones españoles –*Todo por la Corona*. Cátedra, 2024– que había iniciado a mediados de los noventa del siglo pasado con el estreno de *Violetas para un Borbón. La reina austriaca de Alfonso XII* –Cátedra, 2015–. Así que estando con el teatro documento de Alfonso XIII, el Conde de Barcelona y Juan Carlos I, en medio de sus controvertidas vidas, brotó con fuerza la obra que acabaría llamándose *Malditos tacones*, ahora felizmente editada por Éride, con el tema troncal de una adopción ilegal, una cuestión que durante muchos años había estado en mi almario.

A lo largo del franquismo, y también después, la cuestión de la adopciones ilegales era algo consentido y propiciado en determinadas esferas de nuestra sociedad. Una criatura nace en un ámbito, de cualquier clase social, en el que no se la quiere, es una intrusa, y, por prejuicios sociales, económicos o religiosos, será adoptada en secreto, ilegalmente, por miembros de la propia familia o, con la correspondiente contraprestación, por personas de entornos deprimidos o no, enmascarándose la acción, tal vez para siempre.

Conocía varios casos en el entorno de la oligarquía vasca. Y por otra parte, en mi investigación borbónica había dado con la gran actriz Carmen Ruiz Moragas, amante de Alfonso XIII, madre de dos de sus hijos –sanos–, entre ellos el que será Leandro Alfonso Luis de Borbón y Ruiz. La Moragas, desde niña fue tutelada por el destacado e influyente político liberal Natalio Rivas que guardó muy bien su origen y peripecia familiar, y fue de gran ayuda en sus inicios y progresos como actriz, y como mujer. Bien es verdad, que también había tratado el tema de los niños robados, instado por los bebés argentinos secuestrados y cedidos en la dictadura a afines, en la obra *Candela Guzmán, La Candela*, que estrenó la entrañable mezzosoprano y actriz Mary Carmen Ramírez, sobre la apropiación trágica del hijo de la bonita sirvienta de un cortijo andaluz, pareja de un joven anarquista, en plena guerra civil, por parte de los señores... Sirvienta y anarquista que acabaron en una fosa del cortijo.

Frente al teatro histórico y documental que estaba tratando con los Borbones, el abordar *Malditos tacones* fue una liberación creativa. Pronto surgió el conflicto latente entre una madre a la que su importante familia le había arrebatado a su hija nacida de una violación, entregándola a una familia de confianza y bien subvencionada. Y aquella criatura que al cabo de los años descubre cuáles son sus verdaderos orígenes y el control que sobre ella ha tenido su auténtica familia decide confirmar si es hija de la ahora presidenta de una multinacional. Al fin, el encuentro y el enfrentamiento, cara a cara, de la hija y la madre. Una madre que quiere ejercer el poder patriarcal sobre su hija, ya una notable y destacada profesional del Derecho, para que asuma responsabilidades en la gran empresa de la familia de la que fue alejada.

Desde los postulados históricos del teatro, engendrados en la tragedia griega, quise situar la acción en unas coordenadas de unidad de tiempo, lugar y acción, precisos y limitados, equilibrando dentro de esos estrechos márgenes el planteamiento, el nudo y el desenlace de la acción teatral. En poco más de una hora. Dos mujeres frente a frente. Dos mujeres poderosas. La madre, una mujer aferrada a los esquemas patriarcales en los que ha sido salvajemente domesticada; la hija, una mujer criada en libertad y forjándose una vida, aparentemente, sin otro apoyo que su talento. La mayor, presidenta de una gran empresa, que quiere ceder su poder patriarcal a su hija, siguiendo la trayectoria de una empresa caníbal, y la hija, "ceo" de un despacho de abogados que lidera la defensa de las causas de violencia de género. Son dos mundos opuestos.

En mi quehacer dramático siempre ha estado presente el universo de la mujer, especialmente la mujer en la encrucijada de los siglos XX y XXI. Y más concretamente las mujeres en la centuria apasionada y apasionante que vivimos y nos vive. Siempre con dos principios insoslayables: la verdad y la libertad.

Jesús Cimarro fue el conductor eficaz e inteligente que conformó, en su ejemplar empresa Pentación, la producción de *Malditos tacones*. Propició que la mujer más dotada y experimentada dentro del teatro español en este momento, Magüi Mira, hiciera el montaje de la obra, con dos grandes actrices, la sabia y muy reconocida Luisa Martín, como la madre todopoderosa Victoria Burton, y la luminosa y bien dotada Olivia Molina, como la emergente abogada María García, la hija.

Magüi Mira asumió como dramaturgista y directora la tarea de realizar un entendimiento textual exquisito, llevando el espectáculo a unas cotas verdaderamente sobrecogedoras, con gran carga dialéctica en defensa de la mujer frente a la violencia de género; en los momentos álgidos, con referencias contundentes a las violaciones que las mujeres han soportado. El arte de Magüi Mira consiguió con las actrices una centrifugación del texto admirable, que no ha dejado de mover y conmover a los espectadores. Una puesta en escena sintética, con solo un asiento sobre una plataforma carrusel que en la hora y diez que dura el espectáculo ha marcado el tempo, incluyendo los silencios embarazosos, en el duelo de dos mujeres heridas por el machismo de una sociedad instalada en sutiles o expresas tiranías sustentadas en la mentira.

Entre mis principios con relación a los textos teatrales, que venero, siempre he considerado que el texto de la literatura dramática es un pre-texto para el hecho escénico en la contemporaneidad. No de otra forma Magüi Mira afrontó mi obra *Malditos tacones* para la puesta en escena de Pentación. Tuvo amplia libertad, que dispuso con respeto.

Por otra parte, soy consciente al escribir teatro que los papeles que conciba han de ser interpretados por actrices o actores que tienen que subir a un escenario la realidad de un combate entre los personajes, lo que ha de resultar ser una aventura al borde del abismo. Luisa Martín y Olivia Molina, con la atención de Magüi Mira, fueron conocedoras del material escénico del que disponían desde la primera lectura. Y me hicieron saber su gran sintonía, que fue aumentado cuando las representaciones se fueron sucediendo, en Madrid, Bilbao, Valencia, Barcelona y otras capitales y ciudades españolas, para llegar a las ciento veinte.

Luisa Martín, una actriz formada primero en el ámbito de William Layton y, después, acrisolada bajo la égida magistral y contundente del "ruso" Ángel Gutiérrez, heredero directo en Moscú del "método" de Stanislavski, ha desarrollado con éxito su arte en la escena y en televisión. Así, Luisa Martín, ha llegado con el personaje de Victoria Burton hasta el tuétano de esa madre patriarcal que desborda lo que hubo pensado el dramaturgo, llegando a una identificación verdaderamente sorprendente, configurando, durante los meses de representación y de búsqueda continua, una trayectoria del ente de ficción que me admira, y que tal vez tenga existencia editorial en el futuro de la propia actriz. Luisa Martín deja a un lado los principios acomodaticios de Diderot y su *Paradoja del comediante*, para entrar en la revivencia de su personaje, de su Victoria Burton, hasta el fondo más profundo. Acertada elección la de Luisa Martín por parte de Pentación y de Magüi Mira, con la que la directora ya había trabajado de forma intensa.

No menos acertada, la de Olivia Molina, una actriz que viene con el ADN de sus ilustres ancestros, en la república de la escena española, tras formarse en las aulas de Juan Carlos Corazza, heredero de los argentinos Carlos Gandolfo y Augusto Fernandes, y en la saga de sus condiscípulos Javier Bardem, Elena Anaya, Sergio Peris-Mencheta o María Isasi. Reconocida ya en otras producciones teatrales, cinematográficas y televisivas, Olivia Molina, con la guía espectacular de Magüi Mira, con la que no era la primera vez que trabajaba, y con el contagio y la ósmosis de la también maestra Luisa Martín, en esas intensas y aplaudidas representaciones –muchas con el cartel de no hay localidades–, semana tras semana, dejándose aplaudir por los muy diferentes públicos de España, ha conseguido esculpir un icono vivencial libérrimo y ejemplar. Olivia, con su enamoramiento de María García, no ha dejado de conmoverme, con Luisa-Burton, cuando ambas dan fin a su catártica representación de *Malditos tacones*, allí donde las he visto actuar, en una obra que ya no es la mía, porque es la suya, de las actrices; las que deben ser –y en este caso lo son– auténticas sacerdotisas del teatro.

Mi agradecimiento a Jesús Cimaro, Magüi Mira, Luisa Martín y Olivia Molina. También, a Ángel Jiménez, editor de esta obra en Éride e impulsor decidido del lema «El teatro también se lee».

Esta primera edición de *malditos tacones*,
de Ignacio Amestoy, terminó de imprimirse
en noviembre de dos mil veinticinco,
en Madrid.